Rzeczy, Które nas Ekscytują i Inne Histc

CW00502106

Aldivan Torres

Rzeczy, Które nas Ekscytują i Inne Historie

Autor: Aldivan Torres

Seria: Duchowość i samopomoc

Aldivan Torres, urodzony w Brazylii, jest pisarzem o ugruntowanej pozycji w kilku gatunkach. Do tej pory opublikowała tytuły w kilkudziesięciu językach. Od najmłodszych lat był miłośnikiem sztuki pisarskiej, a karierę zawodową ugruntował od drugiej połowy 2013 roku. Swoimi pismami ma nadzieję przyczynić się do rozwoju kultury Pernambuco i Brazylii, rozbudzając przyjemność czytania u tych, którzy jeszcze nie mają nawyku.

Rzeczy, Które nas Ekscytują i Inne Historie

Kiedy źle wybierzemy partnera, możemy się zmienić

Dlaczego dzisiejsze poważne związki nie trwają dłużej?

Nasze dobre uczynki pokazują, kim jesteśmy

Jeśli wyznajesz komuś miłość, może się udać, ale może to być też rozczarowanie

Plotki mogą wyrządzić człowiekowi nieodwracalną szkodę

Atrakcyjna osoba fascynuje nas, ale może też wyrządzić nam poważną krzywdę

Czy można mieć miłość do życia?

Czy mogę walczyć z własnym losem?

Głęboko wierzę, że naszą najważniejszą miłością jesteśmy my sami

Jeśli mnie skrzywdzisz, nie mam obowiązku być blisko ciebie

Czy wierzysz w duchowość?

Jeśli stajesz się bogaty, zapominasz o swoich prawdziwych przyjaciołach

Miej cierpliwość, aby zrozumieć krytykę

Twoje wynagrodzenie jako pracownika jest Twoją nagrodą za Twoją pracę

Wszystko ma swój moment, ale trzeba działać

Miej swoje sekrety, ale miej też zaufanych przyjaciół

Wykonuj swoją rolę społeczną: wiedz, jak wybrać najlepszych polityków

Jak ważne jest panowanie nad emocjami

Depresja jest dużym problemem, ale jest leczenie

Znaczenie czytania dla wszystkich ludzi

Dziękuję Bogu, że schizofrenia nie odebrała mi talentu literackiego

Dlaczego ludzie religijni potępiają homoseksualistów? Czy możemy więc powiedzieć, że religia jest czymś złym?

Być może największą prawdą, jaka istnieje, jest to, że rodzimy się samotni i umieramy samotnie

Zbuduj swoją teraźniejszość z myślą o prawdopodobnej przyszłości

Sukces nie przychodzi tak szybko

Będziesz miał wiele porażek i wiele zwycięstw

Nie daj się zwieść opiniom innych, kiedy jest to możliwe

Niech inni wygrywają i radują się z tego

Nie umniejszaj swoich talentów. Jesteś szczęściarzem

Nie martw się o to, co nie należy do Ciebie

Pozostaną tylko prawdziwe przyjaźnie

Czy dzieci podtrzymują małżeństwo?

Czy dobrze jest mieć dużo dzieci bez planowania?

Umawianie się z kobietą, która ma dzieci, jest trochę trudne

Czasami zakończenie relacji z dziećmi nie jest łatwe

Najtrudniejszą częścią jest znalezienie wiernego mężczyzny

Dlaczego społeczeństwo chce narzucić ci zasady?

Zawsze miej swoją pracę lub swoje dochody. Nie polegaj na pieniądzach męża ani nikogo innego

Dobrze jest mieć związek, w którym chłopaki mieszkają w różnych domach

Zabawne z Poitiers

Piktawski – koniec III wieku

W szkole

Piękne lekcje nauczyciela chrześcijaństwa

Chrzest

Podsumowanie końcowe

Otworzyłem trzecie drzwi i tym razem znalazłem zgromadzenie ludzi: pastora, księdza, buddystę, islamistę, spirytystę, Żyda i przedstawiciela religii afrykańskich.

Jem śniadanie w milczeniu, ale z przygnębionym umysłem.

Skąd mam wiedzieć, czy jestem gotowy na nowy związek?

Jak bardzo jesteś uparty?

Nie pozwól, aby ktokolwiek Cię zniechęcił

Nie naśmiewaj się z wyglądu fizycznego innych ludzi

Na krzyżu Jezus dał przykład prawdziwej miłości

Jakże straszne jest to, co ludzie myślą o homoseksualistach

Co to za słynny brazylijski sposób?

Dlaczego nigdy nie powinniśmy tracić nadziei i wiary?

Życie swoim prawdziwym ja jest wyzwalające

Nie ma sensu uciekać od problemów, musimy stawić im czoła

Życie jest wielkim darem dla nas wszystkich

Życie składa się z faz

Sekretem każdego sukcesu jest ciężka praca

Tylko ci, którzy mają ducha dziecka, wejdą do nieba

Historia Eleonory

Pierwszy duży koncert i kontakt z fanami

Ślub drogiej Eleonory

Wielka próba Eleonory

Jak prowadzić swoją pracę?

Jeśli coś sprawia, że jesteś szczęśliwy, przyjmij to. Jeśli coś cię boli, odejdźcie

Nie trać czasu z tymi, którzy cię nie cenią

Nie bój się popełniać błędów ani uczyć się czegoś nowego

Pozytywne myślenie to nasza największa broń

Miłość między członkami rodziny jest największą miłością na świecie

Miłość między matką a dzieckiem jest czymś poza życiem

Czy istnieje miłość poza cyklem rodzinnym?

Czy wróciłbyś do firmy, która cię zwolniła?

Minęło sześć dni, odkąd wspiąłem się na górę

Po tym, jak wspiąłem się na górę

Czy rozpamiętywanie przeszłości swojego chłopaka jest zdrowe?

Jeśli nie masz nic materialnego, jesteś wart o wiele mniej dla ludzi

Obraźliwy związek w randkach

Obie pary powinny wiedzieć, jak się komunikować

Czy pięknie jest widzieć publiczne okazywanie uczuć?

Żyj po swojemu

Jak dobrze jest żyć życiem pełnym marzeń

Dedykacja

Dedykuję moją pięćdziesiątą piątą książkę przede wszystkim Bogu. Dedykuję ją również mojej rodzinie, czytelnikom, obserwatorom i wszystkim, którzy wspierają moją literaturę.

Niech świat zostanie zalany sztuką, który jest najczystszym wyrazem naszej istoty, bez uprzedzeń. Dzięki sztuce możemy zbudować nowy świat i pozostać przy naszych marzeniach do końca życia.

O książce

Książka przynosi nam to, co najlepsze samopomoc, mądrość, fikcja i historie religijne. Jest to bardzo ważny zbiór tekstów dla ewolucji nas samych, dla naszego przeznaczenia i dla wszechświata jako całości.

Obyśmy wchłonęli to, co najlepsze z nich i że może to znaleźć odzwierciedlenie w naszych codziennych postawach. To, czego szukamy, to coraz lepszy, bardziej ludzki i sprawiedliwszy świat.

Megan jest piękną, młodą kobietą, która mieszka w dzielnicy Skrzyżowanie dróg w Recife. Córka ojca murarka (Agenor) i matka domowa (Mirele) właśnie skończyła szkołę średnią i spotyka się z rodzicami, aby nakreślić plany na przyszłość. Po obiedzie wszyscy zebrali się w kuchni. Pogoda jest łagodna, mało cieni i dużo entuzjazmu ze strony członków.

Megan

Właśnie skończyłem liceum. Zaczynam planować swoją przyszłość już teraz. To była wspaniała podróż od pierwszych lat w szkole do ukończenia szkoły średniej. Były wielkie wyzwania, zmagania, problemy, wewnętrzna wyobraźnia, ale w końcu wszystko się udało. Do dziś pamiętam nieprzespane noce, które miałem z powodu wyczerpującej nauki. Były to pamiętne noce pełne sukcesów, samotności i cierpienia. Ale to wszystko w dobrym celu: mojej edukacji w szkole średniej. A teraz jesteśmy tutaj, myśląc o przyszłości. Co mówią?

Wiek

Chcesz studiować medycynę? Myślę, że dziedzina medycyny jest bardzo dobra. Jest to również szlachetny zawód, ponieważ pomaga chorym. Mamy niewielu lekarzy w Brazylii i duże zapotrzebowanie. To naprawdę dobrze płatna dziedzina. Co wy na to?

Megan

Nie mam powołania do medycyny. Naprawdę podziwiam lekarzy, ale nie jest to coś, co robię codziennie. Rozumieć? Muszę więc poszukać czegoś innego.

Mirele powiedział:

A co z prawem, moja córko? Jest to obszar zatłoczony, ale bardzo ceniony. Jakże wspaniały byłby pomysł zobaczenia jej w roli sędziego lub prawnika. Jak wspaniale byłoby zobaczyć cię jako wspaniałą kobietę, niezależnie od wykonywanego zawodu.

Megan

Będę wspaniałą kobietą, mamo. Niezależnie od tego, jaki wybór zawodu wybierze, już teraz jestem wspaniałym człowiekiem. Zamierzam zgłosić się na egzamin wstępny z historii. Okolica kręci się wokół mnie. Zagłębię się więc w mój wybór. Mam nadzieję, że będę pracować w zawodzie i będę bardzo szczęśliwa. Kibicuj mi.

Wiek

Oczywiście, moja córka. Jesteśmy Waszymi największymi zwolennikami.

Mirele powiedział:

Zawsze jesteśmy tu z tobą, moja droga. Jesteśmy Twoimi rodzicami, którym zawsze możesz zaufać. Przytul mnie, dziewczyno.

Cała trójka wstaje od stołu i promuje potrójny uścisk. Byli zjednoczoną, błogosławioną, szczęśliwą rodziną. Razem stawili czoła wielkim wyzwaniom, które odbijają się echem do dziś. Ale to był dopiero początek wszystkiego. To był początek nowego wyzwania dla drogiej Megan. Naiwna dziewczyna, która nie wiedziała jeszcze o wszystkich złych rzeczach na świecie.

Megan była wyjątkową młodą kobietą. Wychowywana w domu, zawsze była uprzejma, pełna szacunku, pomocna, hojna i dobrze traktowała ludzi. Poświęcając się nauce, zawsze zdobywała najlepsze oceny za elegancję. Dzięki temu zyskał podziw i szacunek swoich nauczycieli. Był więc bardzo szczęśliwy i wyjątkowy dla Boga.

Od tego momentu będzie to nowa, wzbogacająca trajektoria. Byliby jak rzeka, która płynie ku swemu niezawisłemu przeznaczeniu. Co by wtedy zrobili? I tak byliby szczęśliwi, nawet gdyby znaleźli się w bardzo złych lub rozsądnych okolicznościach. A życie podąży za nim. Z pełną mocą, smakami i miłościami.

Wyjście do centrum handlowego z przyjaciółką

Nadszedł kolejny dzień. Wraz ze wschodem słońca nasz drogi przyjaciel wkrótce wstał z łóżka ze spektakularnym uśmiechem. To był uśmiech milionów tych, którzy już dokładnie wiedzieli, co robić. Nic dziwnego. Wyznaczyłem sobie już cel zawodowy, który był możliwy do zrealizowania. A teraz nadszedł czas na pogoń za resztą.

Kolejne dni zapowiadały się bardzo dobrze. W życiu młodego człowieka w stolicy było bardzo ruchliwie i bardzo miło. Dzieliła swój czas między naukę w domu, wykonywanie prac domowych, zdawanie egzaminów wstępnych na studia, wychodzenie z domu i wszystko było bardzo dobrze. W umyśle każdego młodego człowieka chodziło o to, aby wykorzystać młodość do zbudowania czegoś poważnego i znaczącego. Szukali tego, a także samego sensu życia. Cóż, życie mogłoby być piękne, gdyby tak chcieli.

Po wstaniu z łóżka zrobiła dwa kroki. Wkrótce byłem w łazience, odkręcając prysznic i biorąc zimny prysznic. Megan miała cudowne, posągowe, atrakcyjne ciało, skórę brązową jak tropiki, poważną i delikatną twarz, grube uda, krótkie biodra, wyglądała jak lalka. Z pewnością niejednokrotnie zwracała na siebie uwagę mężczyzn. Ale jej cel był zupełnie inny: pójście na studia, bycie niezależną i nie upokarzanie się przed żadnym mężczyzną. Zdawała sobie sprawę, że aby związek działał, konieczna jest równowaga finansowa. emocjonalne i ludzkie.

Gdy woda wlewała się do jej ciała, zastanawiała się nad swoją przyszłością i tym, co może się wydarzyć. To wszystko było głęboką tajemnicą, na którą ledwo zdążył się natknąć. Była bardzo praktyczną dziewczyną, racjonalne, ale i emocjonalne. Wszyscy chciałem wiedzieć, jak to działa. Wszyscy chciałem wiedzieć, dokąd idę. To była istota śledztwa. Wszystko było bardzo intensywne i wymagające. Ale chciała czegoś więcej.

Spędza w wannie trzydzieści minut. Po wyjściu myje zęby, wyciera się, czesze włosy i zakłada czyste ubranie. Potem wychodzi z łazienki i idzie do kuchni na śniadanie. Odnajduje rodziców, którzy cieszą się, że się obudziła.

Wiek

Dzień dobry, Megan. Jak spędziłeś noc?

Megan

Świetnie mi idzie, tato. Z nowymi nadziejami na dobrą przyszłość i marzeniami.

Wiek

Wdzięcznie. Lubię takie kobiety. Pewny.

Mirele powiedział:

Dobra robota, córko. Wyglądasz bardzo podobnie do mnie. Ma jowialnego i żądnego przygód ducha. Jest gotowy na każdą godzinę.

Megan

Cieszę się z tego, mamo. Życie jest wielkim rozdrożem, z którym musimy się zmierzyć. Dlatego za każdym razem jestem gotowy na innowacje.

Chwilę później ktoś woła ich przed domem. Megan wychodzi z kuchni i idzie do salonu. Kiedy otwierasz drzwi, jesteś mile zaskoczony.

Megan

Przyjacielu, jesteś tutaj? Nawet się tego nie spodziewałem.

Ingrid

Przyszedłem zadzwonić do ciebie, żebyś spędził czas w centrum handlowym i zrobił zakupy. Będzie naprawdę wspaniale. Uwierz w to.

Megan

Przysięga? To urocze. Naprawdę zastanawiałem się, co robić przed kursem. Jego przybycie tutaj było opatrznościowe.

Ingrid

Na co więc czekamy? Chodźmy.

Megan idzie do kuchni i mówi rodzicom, że wychodzi ze swoją najlepszą przyjaciółką. Następnie wkłada torbę do rąk i wychodzi z przyjaciółką. Następny obowiązkowy przystanek będzie na przystanku autobusowym. Idąc, obserwują cały ruch alei i czują się dobrze. Na co czekałeś? Były to tylko dwie bardzo młode dziewczyny, chętne do zwiedzania świata i interakcji. Byli tylko dwoma uczniami życia i rzeczy tego świata. W tym momencie weszli w fazę eksperymentowania, w której chcieli udowodnić wszystko. Bez względu na żal. Liczyła się jego mądrość i wola życia. Zostali więc oddani wielkiemu przeznaczeniu, jakie oferowało im życie.

Niedługo później docierają na przystanek autobusowy. Mając trochę więcej czasu, przyjeżdża autobus, idą na górę i jadą Usiądź na jednym z siedzeń z tyłu. Autobus jest zapełniony, a w kabinie zaczyna grać romantyczna muzyka. Taka była rutyna ubogich w Recife. Stawianie czoła zatłoczonym autobusom, ryzyko napadu, wspólne problemy w pracy i poczucie szczęścia było dużym wyzwaniem dla wszystkich.

Megan spogląda głęboko na jednego z chłopców w tle, który odpowiada chwilę, ale wkrótce odwraca wzrok. Jakże piękne były flirty nastolatków. W tamtych czasach młodzi ludzie mieli bardzo pobudzone hormony i było to widoczne na wiele sposobów. To był sposób patrzenia, zbliżania się, dotykania. Był młodzieńcem odpowiedzialnym, ale świadomym, że trzeba cieszyć się życiem.

Ingrid

Jak się czujesz w tym burzliwym autobusie?

Megan

Czuję się jak ulubienica przedmieść i najprostsza z dziewczyn. Czuję się jak wesoła, jowialna dama i czarująca kobieta w autobusie. A ty?

Ingrid

Jestem najbardziej klasyczną z kobiet. Bez względu na to, jak często spotykamy się z innymi, zawsze będziemy mieć przy sobie elegancję. I to sprawia, że jestem taka szczęśliwa i ta chęć, która sprawia, że chce mi się krzyczeć.

Megan

Prawda, przyjacielu. Podążajmy więc bardzo elegancko za naszym przeznaczeniem. Bardzo się cieszę, że mogę dzielić z Wami tę chwilę.

Autobus porusza się coraz dalej ulicami Recife. W intensywnym ruchu całą trasę pokonuje się w trzydzieści minut. Następnie docierają do centrum handlowego Recife. Zaczynają chodzić tam i z powrotem, zdezorientowani. Potem znajdują sklep z odzieżą i obuwiem w samym centrum handlowym.

Aleksander

Czego chcecie, drogie panie?

Ingrid

Chciałabym wypróbować brązowe buty do sukienki. A także dwie majtki.

Megan

Podobała mi się czarna sukienka w groszki. Co wy na to?

Aleksander

Możesz go wypróbować w przymierzalni po lewej stronie. Rozsiądźcie się wygodnie, dziewczyny. Dom jest twój.

Oba Razem idą do przymierzalni z wybranymi elementami. Kiedy będą gotowi, przyjdź i zapytaj o opinię profesjonalisty.

Ingrid

Co myślisz? Czy naprawdę jesteśmy ładne?

Aleksander

Wyglądacie świetnie, dziewczyny. Mam na imię Aleksander. Co zamierzasz robić w sobotni wieczór?

Megan

Nic szczególnego, prawda, droga Ingrid? Chcielibyśmy zagrać koncert w sobotni wieczór.

Aleksander

Zaproszę też mojego przyjaciela. Ma na imię Roberto. Jestem pewna, że chciałby cię poznać.

Ingrid

Wspaniały. Patrzeć. Policz, a my zachowamy kawałki. Podaj nam również swój numer telefonu, który umówimy w sobotę wieczorem.

Aleksander

Niech spojrzę. To wszystko dało w sumie pięćset dolarów. Mogą udać się do kasy i zapłacić kwotę. Oto mój numer telefonu (wręczam numer zapisany na papierze). Możesz dzwonić, kiedy tylko chcesz.

Megan

Cudownie, kochanie. Dziękuję za waszą służbę. Możesz pozwolić nam zadzwonić do Ciebie później. Wspaniale było Cię poznać.

Aleksander

Cała przyjemność była moja. Zostańcie z Bogiem i niech was błogosławi.

Oboje idą do kasy. Płacą rachunek, robią zakupy i idą na przystanek autobusowy. Zrobiliby tę samą trasę, co powraca, ale z nowym entuzjazmem. Wszystko zmierzało w kierunku wielkiej historii, która spełniała się na każdym ich kroku. Jakże pięknie było widzieć ich osobisty wysiłek na każdym etapie życia.

Sobotni wieczór

To była wspaniała noc w restauracji "fantazja" miasta. Zebrali się Ingrid, Megan, Aleksander i Everton. Oprócz wielu innych osób, które cieszyły się nocą w Recife. Podczas gdy muzyka ryczała głośno, siedzieli wokół jednego ze stolików w restauracji i konfabulowali.

Ingrid

To jak noc zaczarowania. Bardzo bawi mnie cała ta sytuacja. A twoja firma jest bardzo dobra.

Aleksander

Ja też to kocham dziś wieczorem. Muzyka jest doskonała, a animacja was, dziewczyny, jest idealna. Kocham to wszystko.

Everton

Naprawdę was lubię. Zwłaszcza Ingrid, która jest uroczą dziewczyną. Chcesz się ze mną umówić?

Ingrid

Och, kochanie, co za dobra rzecz. Oczywiście, że chcę się z tobą umówić. To będzie zaszczyt.

Aleksander

I chcę umówić się z Megan. Tworzymy kwartet idealny. Co myślisz?

Megan

To było wszystko, o czym marzyłam. Cała ta sprawa przyniesie nam ogromne korzyści. Idźmy dalej i cieszmy się życiem. Wspaniale jest żyć w tej chwili.

Aleksander

Otóż to. Panie i panowie, oficjalnie się spotykamy. Będziemy dziś dużo świętować. Zróbmy imprezę.

Naprawdę bardzo podobała im się noc i przyjechali do świtu. Po drugiej nad ranem wrócili do swoich domów zupełnie szczęśliwi i pełni radości. To była niesamowita noc, która pozostanie w pamięci ich wszystkich.

Trzy razy w tygodniu Megan uczęszcza na kurs przygotowawczy. Ona i inni uczniowie są na tej samej ścieżce, czyli przygotowaniu do egzaminu wstępnego. Jest kilkoro młodych ludzi z różnymi marzeniami i tym samym celem: pójściem na studia.

Następnie nauczyciel proponuje ćwiczenie, w którym każdy opowiada o sobie i swoich marzeniach.

Koci

Dołączyłem do kursu, aby spełnić swoje wielkie marzenia. Chcę zostać weterynarzem. Chcę leczyć zwierzęta, które robią nam tak wiele dobrego. Zwierzęta to niewinne, słodkie i wesołe stworzenia o duchu harmonii i czystej aurze. Nasze zwierzęta są naszymi prawdziwymi przyjaciółmi. Bardzo kocham zwierzęta i jestem zła na tych, którzy je źle traktują.

Roberius

Chcę zdobyć dyplom z biznesu. Chcę zostać administratorem biznesowym. Chcę pomóc instytucjom stać się dużymi firmami, z domniemanym zyskiem, a pracownikom być szczęśliwym. Zależy nam na uczciwych relacjach między właścicielami firm, pracownikami i współpracownikami firmy.

Megan

Chcę być historykiem. Chcę zanurzyć się w historii i mieć wiedzę o kulturze ludzi. Chcę oddychać kulturą i uczyć moich uczniów, jak bardzo jest ona ważna. Przyczyniajmy się do budowania bardziej sprawiedliwej i suwerennej kultury uniwersalnej.

Celio

Dobra robota, moi uczniowie. Jesteś moją dumą. Będę Cię wspierać na każdym niezbędnym kroku. Ręka w rękę pokonamy trudności, które nadejdą. I zwyciężysz dzięki zdolnościom i wierze, które posiadasz. Wybierzmy się razem na tę wspaniałą przygodę.

Wszyscy biją brawo. Dzięki temu rodzi się pewność, że już byli zwycięzcami. Wszyscy, bez różnicy, starali się dać z siebie wiele. Pozdrawiam wszystkich brazylijskich studentów.

Wycieczka na plażę Miłej podróży

Mała klasa była w niedzielę po południu na plaży Miłej podróży. Udali się na spoczynek po swoim niespokojnym życiu. A także pogłębiali swoje zaloty.

Aleksander

Jak minął ci tydzień, kochanie?

Megan

To był pośpiech, ale został dobrze wykorzystany. Jestem rozdarty między zadaniami, które wiele ode mnie wymagają. Ale muszę wyznać, że moje najlepsze chwile to chwile wypoczynku z moim ukochanym Aleksandrem.

Aleksander

Dzięki za moją część, dziewczyno. Odkąd cię poznałem, całkowicie zatraciłem się w twoim uroku. Wyznaję, że moim pragnieniem jest odkrywać Cię coraz bardziej. Idę więc do przodu z moimi celami. A ty, Everton, jak się czujesz?

Everton

Czuję się bardzo dobrze obok mojej ukochanej. Jesteśmy ze sobą całkowicie połączeni. Jesteśmy idealną parą i razem stanowimy fantastyczną czwórkę. Zostaliśmy stworzeni do tego, by być bardzo szczęśliwi.

Ingrid

Prawda, kochanie. Jesteśmy z tego powodu bardzo szczęśliwi. Idźmy naprzód z nowymi odkryciami wspaniałego świata, który na nas czeka. Uczymy się przez całe życie na każdym etapie tego procesu. Wspaniale jest być z wami w tym czasie.

Wszyscy się z tym zgadzają. Zebrali się tu młodzi marzyciele poszukujący swojego miejsca w słońcu. Tak naprawdę byli tylko uczniami życia, życia, które zawsze było dla nich wyzwaniem. I kontynuowali swoją trajektorię z płonącą nadzieją na swoje stare projekty. Niech Bóg błogosławi cię w twoich wielkich marzeniach.

Podsumowanie końcowe

Nasza kochana Megan zdała egzamin wstępny. Dostała pracę rządową, pomagała rodzicom, wyszła za mąż i urodziła czwórkę pięknych dzieci. Była szczęśliwą kobietą zakochaną i zawodową. Jej miłość pokonała wszystkie bariery, które stanęły na jej drodze. Żyj szczęściem w miłości.

Musimy wiedzieć, jak radzić sobie ze smutkiem

To normalne, że w niektórych momentach życia czujesz się jak porażka lub smutek. Ale to, czego nie możemy zrobić, to kultywować tego uczucia zbyt długo. Może ci to bardzo zaszkodzić, prowadząc do ciężkiej depresji. A przezwyciężenie depresji jest wielkim osobistym wyzwaniem, któremu nie każdy może sprostać.

Umiejętność radzenia sobie z rytmem życia, z rutyną, z pięknymi lub smutnymi chwilami, to sztuka niewielu osób. Aby to zrobić, musimy stworzyć w sobie równowagę emocjonalną, która jest tak niezbędna do życia. Musimy ćwiczyć naszą pamięć i emocje w taki sposób, aby zło w żaden sposób do nas nie dotarło. Musimy być w stanie pokonać każdą barierę, nawet jeśli nasze serca drżą.

Sam smutek nie powinien być w tobie kultywowany. Praktykuj przebaczenie i sztukę opróżniania. Możliwe jest przezwyciężenie każdego bólu, każdej traumy, każdej niezgody. Jesteśmy istotami w ciągłej ewolucji i uczeniu się. Ucz tego, co w tobie pozostało i chłoń to, co dobre w innych. Nawet jeśli nie osiągniemy perfekcji, możemy być wspaniałymi przykładami profesjonalistów i ludzi. A wtedy możemy być zadowoleni z tego, co osiągnęliśmy.

Co sądzisz o otwartych związkach?

Jest to nowoczesny rodzaj małżeństwa, w którym oboje partnerzy mogą odnosić się do innych ludzi. Nie jestem tu po to, by osądzać zachowanie innych dorosłych, ale nie chciałabym być w otwartym związku. Za bardzo kocham siebie, żeby brać udział w takich rzeczach. Moim zdaniem miłość jest jak motocykl: tylko dwoje może się zmieścić.

W otwartych związkach wszyscy zdają sobie sprawę z ryzyka związanego z relacjami z wieloma osobami. Więc jeśli im się to podoba, nie mam nic przeciwko temu. Każdy powinien mieć swobodę posiadania własnych upodobań i przygód.

Dobrzy rodzice bronią swoich dzieci przed wszelkim złem. Każdy z nas, w mniejszym lub większym stopniu, potrzebuje w życiu jakiegoś wsparcia. A to wsparcie często pochodzi od naszych rodziców, którzy naprawdę nas kochają. Jak dobrze jest czuć się kochanym i chronionym przez całe życie.

Kiedy umierają nasi rodzice, w naszym życiu pojawia się sentymentalna luka. Zawsze będziemy pamiętać naszych rodziców, z ich wadami i zaletami. I ta luka nigdy się nie wypełnia, bez względu na to, ile czasu upłynie. Tak więc nasi rodzice są dla nas naprawdę wyjątkowi.

Naszą rolą jako dzieci jest być wdzięcznym za każde wspomnienie, które pozostawili po sobie nasi rodzice. Dzięki nam nasi rodzice będą żyć dłużej, a my pozostawimy po sobie wspaniałe dziedzictwo na ich cześć poprzez nasze działania. Rodzina jest wieczna i wyjątkowa.

Nikt nie chowa się długo w masce

Wszyscy pokazujemy, kim jesteśmy w naszych postawach i sposobie, w jaki traktujemy innych. Bez względu na to, jak bardzo ktoś udaje kogoś innego, w pewnym momencie zaprzecza sam sobie. Wtedy drzewo jest sądzone po owocach, jak powiedział Jezus.

Zawsze bądź prawdomówny, bez względu na to, kogo to boli. Jaki jest sens życia w fałszywej iluzji? Twarda prawda jest lepsza niż złudzenie. Lepiej jest żyć w ubóstwie niż w iluzorycznym bogactwie. Lepiej być samemu, niż źle się z nim spotykać.

Dlaczego maska społeczna nam szkodzi? Ponieważ sprzedaje iluzję tego, kim nie jesteśmy, a po tym, jak dana osoba nas odkryje, powoduje rozczarowanie. Tak więc rozczarowania i frustracje bardzo szkodzą naszemu światopoglądowi. Być może jest to konieczny krok w naszym życiu, ale jest to cykl, który w pewnym momencie się kończy. Obyśmy coraz częściej mieli radości, rozrywki i zachwyty nad samym życiem.

Niespełnione marzenia zostają w naszej pamięci

Są marzenia podbite i marzenia niespełnione. Te ostatnie pozostają w naszej pamięci jako relikty dawnego snu. Nie wiemy dokładnie Dlaczego go nie podbijemy. Po prostu akceptujemy to jako porażkę i zastępujemy marzenia innymi. To właśnie zrobiłem z wieloma rzeczami.

Nawet po kilku porażkach czuję się szczęśliwym człowiekiem. Czuję się spełniony tym, co osiągnąłem. Nie wszystko jest możliwe dla biednego człowieka, ponieważ wszystko wiąże się z pieniędzmi. Dlatego mądrze jest przyzwyczaić się do tego, że nie osiąga się wielu rzeczy.

Starzenie się jest darem

Nie bój się zestarzeć. Jeśli się zestarzał, to dlatego, że przeżył długie lata nauki i szczęścia na ziemi. Wiedz, że twoje siwe włosy są dowodem na to, że postarzałeś się w zdrowiu, radości i dużej satysfakcji. Ilu z nich nie umiera młodo? Ilu z nich nie żałuje, że zestarzało się bez żadnego wsparcia? Jeśli masz od kogoś wsparcie, ciesz się, że masz całą tę pomoc.

Dla większości ludzi wygląd jest wszystkim. Tak przystojny mężczyzna, Dobrze ubrana i dobrze traktowana, ma wielką szansę zdobyć serce dziewczyny. Wręcz przeciwnie, mężczyzna, który jest śmierdzący, biedny i wygląda jak żebrak, w ogóle jej nie przyciągnie.

Również w kwestii handlu, jeśli nie ubierzesz się dobrze, nie masz szans na znalezienie pracy, a nawet na szacunek, gdy wchodzisz do sklepu. Brzmi to trochę okrutnie, ale świat dobrze radzi sobie z kwestią wyglądu.

Ja natomiast pracuję inaczej. Szanuję i traktuję ludzi takimi, jakimi są, ze względu na ich charakter. Zawsze musimy to robić. To, że taki a taki jest biedny, nie oznacza, że będę go źle traktować. Nie dlatego, że taki a taki jest źle ubrany, który ma mniejszą wartość. To, że ten a ten jest brzydki, nie oznacza, że go odrzucę. Musimy kochać tych, którzy najbardziej tego potrzebują. Musimy kochać mniejszości seksualne i klasowe w społeczeństwie. Musimy kochać się nawzajem, jako bracia i siostry, i szanować się nawzajem.

Jak piękne byłoby życie, gdyby każdy mógł być szczęśliwy w miłości. Jakże piękne byłoby życie, gdyby każdy mógł mieć jedzenie na stole. Jak piękne byłoby życie, gdyby każdy pracował nad tym, co lubi. Jak piękne byłoby życie, gdyby każdy mógł podróżować przynajmniej raz w roku. Jak piękne byłoby życie, gdyby transseksualiści mieli prawo do pracy. Jakże piękne byłoby życie, gdyby homoseksualiści byli szanowani w pracy. Jakże piękne byłoby życie, gdyby ludzie byli bardziej pokojem i miłością niż wojną i zniszczeniem. Jak piękne byłoby życie, gdyby wszystkie nasze marzenia mogły się spełnić. Ale życie nie zawsze jest łatwe.

Co możemy powiedzieć o pasji?

Pasja naprawdę nas porusza od początku istnienia świata. To uczucie dotyka nas tak intensywnie, że całkowicie nas przemienia. Ale myślę, że to stek bzdur. Uważam, że pasja bardziej nam szkodzi niż pomaga. Pozwól, że wyjaśnię. Ponieważ pasja czyni nas, robimy finansowe i sentymentalne szaleństwa. Tracimy rozum i toniemy w długach, głupocie i fałszywych pragnieniach. Miłość jest dobra, ale namiętność jest przytłaczająca.

Zakochałam się kilka razy. Za każdym razem nie byłem odwzajemniany. Ludzie są zbyt wymagający. Ludzie używają miłości do swoich małych gier. Rani nas, źle traktuje i pozostawia rozczarowanych życiem. Chodzi o to, że nie możesz oddać siebie całkowicie, nie będąc pewnym miłości drugiej osoby.

Krótko mówiąc, posiadanie pasji jest dobre, gdy jest to coś, co nam nie szkodzi. Żyj swoją pasją, dużo umawiaj się na randki, poddaj się iluzji miłości. To będzie zdrowe dla twojej romantycznej duszy. Zawsze myśl o sobie, aby nie ulec pokusie, która cię zwodzi.

Dlaczego mam tyle problemów w związkach, skoro jestem grzeczny i dobry człowiek?

Czasami ludzie po prostu nie mają do ciebie sympatii. Więc ignorują cię i patrzą na ciebie z góry, ponieważ po prostu nie jesteś osobą, która im się podoba.

Bycie pięknym, bycie bogatym, bycie wykształconym nie jest równoznaczne z sukcesem w związku. To bardzo pomaga, ale to nie wystarczy. Przestańmy więc robić sobie z tego nadzieje. Żyjmy tak, aby nikogo nie zadowolić. To, co nam wystarczy, to mieć miłość własna i rozeznanie.

Nasi najlepsi przyjaciele są jak Klejnoty o wielkiej wartości, które nosimy w sobie przez całe życie. Ale nasi chłopaki to tylko przejście w naszym życiu. Kiedy związek się kończy, przyjaciel pozostaje. Rodzina też pozostaje. Co pokazuje, jak ważni są przyjaciele i nasza rodzina w naszym życiu.

Jeśli musisz wybierać między swoim chłopakiem a przyjacielem, nie wahaj się zostać z przyjacielem. To on da Ci najlepsze chwile i najlepsze szczęście. Pielęgnuj więc swojego przyjaciela, rodziców, rodzeństwo i chłopaków. Ale każdy z nich ma swoje znaczenie.

Rola innych w naszym życiu

W naszej rutynie musimy odgrywać role w grze. Każdy wokół nas odgrywa rolę wiodącą lub drugorzędną. I to od nas zależy, czy zorganizujemy każde z tych wydarzeń. Postaw siebie na pierwszym miejscu. Postaw się w harmonii z każdym elementem gry planszowej. Poczuj się częścią wielkiej historii ludzkości. Poczuj się częścią natury i wielkiej energii, która pochodzi od Boga. Niech to wszystko będzie tego warte.

Z każdą rolą przypisaną ryzyko, że pójdzie bardzo źle, spoczywa na Tobie. Ale może się też bardzo dobrze udać. Możemy przeżyć niesamowite chwile radości, harmonii i współudziału ze sobą. Historia twojego życia jest pisana przez ciebie codziennie w osobliwy sposób.

Każdy krok, który robisz w kierunku swoich marzeń, może być Fantastyczny zwrot akcji, w którym jesteś głównym agentem zmian. Kochaj siebie bardziej, przebaczaj więcej, bądź cierpliwy, bądź szczery, wierny, troskliwy, hojny. Tylko Ty będziesz wiedział, w jakim stopniu Twój wysiłek będzie wart zachodu. Zmieniaj życie ludzi.

Dlaczego nie mielibyśmy podążać za standardem narzuconym przez społeczeństwo?

Społeczeństwo narzuca jednostkom różne standardy zachowania. Chcą, żebyśmy przestrzegali ich zasad, bez względu na to, jak absurdalne mogą one być. Nie poddawaj się do szantażu. Poszukaj najlepszego dla siebie. Obyś czuł się dobrze będąc tym, kim jesteś. Obyś czuł się w pokoju ze wszystkim, co się z tobą wiąże.

Bycie autentycznym, oryginalnym i posiadanie wolności to wszystko, co jest dla Ciebie najlepsze. Korzystaj ze swojej twórczej wolności. Ćwicz mięśnie i dobrze się odżywiaj. W zdrowym duchu, zdrowym ciele. Kiedy nauczysz się, co jest dla Ciebie priorytetem, poczujesz się lepiej i szczęśliwszy.

Jak trudno jest przezwyciężyć urazy

Czasami nie jest łatwo paść ofiarą obrzydliwych ludzi, którzy nas ranią, nawet nie przepraszając. Ci ludzie nawet nie dbają o to, by nas skrzywdzić i zaatakować. Sam kilka razy cierpiałem z powodu nieczułych ludzi. Ja sam zawsze starałem się nikogo nie skrzywdzić. Ale inni nie robią tego samego dla mnie.

Żyjemy w świecie zgnilizny i bestialstwa. Żyjemy w świat, w przeważającej części, składa się z niegodziwych ludzi. Jako społeczeństwo żyjemy w chaosie. Ale to jeszcze nie koniec. Wciąż są ludzie, którzy sprawiają, że warto być uważanym za człowieka. Są jeszcze dobrzy ludzie, którzy potrafią dodać nam otuchy i wsparcia w trudnych chwilach.

Musimy przebaczyć drugiej osobie i przezwyciężyć ból. Ale nie musimy przebywać w pobliżu tych, którzy nas skrzywdzili. Łatwiej jest więc przezwyciężyć, gdy jesteśmy daleko. Tak, w takim razie zapomnij o wszelkim złu dla własnego dobra.

Czy piękno naprawdę jest tak ważne?

Tak, piękno jest niezwykle ważne w dzisiejszych czasach, aby umówić się na randkę, zrobić biznes, wyróżnić się w społeczeństwie. Ale dla Boga liczy się nasze wewnętrzne piękno. Bez wewnętrznego piękna człowiek staje się niczym, pustką w chaosie.

Poza moim zewnętrznym pięknem mam wiele zalet. Dlatego wierzę, że Bóg bardzo mnie kocha. Jest zawsze moim przewodnikiem o każdej godzinie. Mimo że wielu ludzi mnie opuściło, Bóg nigdy nie zostawił mnie samego. Bardzo kocham Boga i łączy nas relacja współudziału.

Choć nie jestem ładna, podobam się Bogu, ponieważ jestem wspaniałą osobą. Bądźcie więc przykładem charakteru, uczciwości i życzliwości dla innych. Naszą największą nagrodą jest poczucie szczęścia w czynieniu dobra innym.

Czy spotkanie z kimś, kogo poznałeś w Internecie, jest niebezpieczne?

Umawianie się na randkę z nieznajomym przez Internet jest bardzo niebezpieczne. Może to być oszust lub duże oszustwo. Ale zdarzają się rzadkie przypadki sukcesu, które przeradzają się w wielkie miłości. W każdym razie, jeśli zdecydujesz się na spotkanie, umów się na spotkanie w miejscu publicznym i bądź bardzo ostrożny.

Życie składa się z wyborów. Mamy wiele opcji do wyboru. Ale nie zawsze udaje nam się to dobrze przy wyborze idealnego partnera. Czasami popełniamy poważny błąd i wpadamy w wielki bałagan, gdy zdajemy sobie sprawę, że jest to bezwartościowe. Ale nie musimy znosić toksycznego związku. Możemy wyjść z piekła i zacząć nasze życie od nowa sami lub z innymi.

Żaden wybór nie jest dla nas ostateczny. Zmieniający się świat pokazuje nam, że zawsze jest czas na nowe nastawienie do życia. I ta nowa postawa może doprowadzić nas do naszego prawdziwego osobistego szczęścia.

To właśnie żyjąc i ucząc się, możemy tworzyć nowe plany i nowe osiągnięcia. Z każdym krokiem rozwijamy się jeszcze bardziej i stajemy się mistrzami naszej historii. A ta historia może być piękna, jeśli tylko tego chcesz. Życie Jest więc pełen ogromnych możliwości.

Dlaczego dzisiejsze poważne związki nie trwają dłużej?

W przeszłości często zdarzało się, że pary pozostawały razem przez całe życie. Ale w dzisiejszych czasach poważne związki nie trwają dłużej niż trzy lata. Dlaczego tak się dzieje? Bo w dzisiejszych czasach wszystko jest jednorazowe. Ludzie mają mniej uczuć i mniej przywiązania. Każda kłótnia wystarczy, aby rozdzielić parę. To czas małej cierpliwości i zrozumienia.

Gdy tylko kończymy związek, szukamy odpowiedzi na nasze szczęście u kogoś innego. To niekończący się cykl tam i z powrotem. Ale gdzie jest nasze szczęście? Gdzie jest sens życia? Jeśli przestaniemy się nad tym zastanawiać, odpowiedź leży w nas. Samotność lub małżeństwo, szczęście jest czymś bardziej wewnętrznym. Oczywiście dobrze jest wyjść za mąż i dzielić się tym szczęściem z kimś innym. Ale kiedy druga osoba tylko przeszkadza, lepiej być samemu. Dlatego dobrze czuję się w życiu singla.

Nasze dobre uczynki pokazują, kim jesteśmy

Kiedy natkniesz się na dziecko ulicy, żebraka, sierotę, wdowca, daj mu jałmużnę. Są to ludzie potrzebujący pieniędzy lub wsparcia. Kiedy przestaniesz myśleć tylko o sobie, staniesz się lepszym człowiekiem.

Nasze dobre uczynki są dla nas samych. To, co robimy innym, wraca do nas dwa razy bardziej. Ale jeśli czynimy zło, odwdzięczymy się w trojaki sposób. Prawo powrotu nigdy nie zawodzi i jest najsprawiedliwiej wśród nas. W związku z tym żaden pracownik nie pozostaje bez wynagrodzenia.

Jeśli wyznajesz komuś miłość, może się udać, ale może to być też rozczarowanie

Przejmowanie inicjatywy w związku jest bardzo ryzykowne. Może dać Zgadza się, ale to może być duży błąd. Może warto zaryzykować, bo bez tego nie ma szczęścia miłosnego. Ale może też wywołać w tobie wielką traumę.

Jeśli masz wątpliwości, nie ryzykuj. Zbadaj, czy druga osoba naprawdę cię chce. Więc tak po prostu, zrób następny krok. Mając pewność w swoich rękach, żyj szczęśliwym związkiem ze swoją miłością. Miej swoją rodzinę, swoje dzieci, wnuki i prawnuki. To bardzo piękne zostawić swój ślad na świecie. Niektórzy zostawiają dzieci, inni książki, jeszcze inni filmy, a jeszcze inni zostawiają swoją historię do opowiedzenia. Ważne jest, aby być z siebie zadowolonym.

Plotki o życiu innych ludzi mogą wyrządzić poważne szkody w życiu innych. Mogą nawet spowodować wypadek lub śmierć. Jak źle jest mieć ludzi, którzy dbają o życie innych ludzi. Można by tego uniknąć, gdyby ludzie zajmowali się swoimi sprawami, ciężko pracowali i nie mieli czasu na mówienie źle o innych.

Jeśli lubisz mówić źle o życiu innych ludzi, przemyśl swoje nastawienie. Co masz wspólnego z życiem drugiej osoby? Czy płacisz jej rachunki? Jeśli odpowiedź brzmi "nie", nie angażuj się w życie innych ludzi. Wstydź się i przestań czynić życie innych ludzi swoją sceną.

Atrakcyjna osoba fascynuje nas, ale może też wyrządzić nam poważną krzywdę

Jak czujesz się obok osoby, której pożądasz i jesteś atrakcyjna? Z motylami w brzuchu, prawda? To ciekawe, że czyjaś sylwetka może naprawdę bardzo nam namieszać. To bardzo dziwne uczucie, gdy ktoś nas pociąga. Ale może to być również dręczące, biorąc pod uwagę, że ta osoba nie wykazuje nami zainteresowania.

Jeśli ktoś z tobą zadziera, odejdź. Zaoszczędzisz energię i dyskomfort, który możesz napotkać w przypadku odrzucenia. Idź do przodu tylko wtedy, gdy jesteś pewien, że jesteś akceptowany. Jestem żywym dowodem na to, że nasze intuicje nie zawsze są prawdziwe. Wiele razy myślałam, że ta druga osoba mnie akceptuje. Ale w rzeczywistości było to wielkie rozczarowanie, które przetrawiłem dopiero po ośmiu długich latach.

Miłość może być okrutna dla naszych uczuć. Miłość może bardzo ranić i niepokoić nasz umysł. Ale może też być wyzwalająca i pełna szczęścia. Wierzę, że nasze przeznaczenie jest zapisane w gwiazdach. Jeśli musisz, znajdziesz dobrą osobę, która Cię zrozumie i sprawi, że będziesz szczęśliwy.

Czy można mieć miłość do życia?

Tak, jest to możliwe. Ale zdarza się to w rzadkich sytuacjach. Normalną rzeczą w związkach w dzisiejszych czasach są związki krótkotrwałe. Związki na ogół nie trwają dłużej niż trzy lata. Potem każdy z nich prowadzi swoje życie w ramach swojej normalności.

Nie zamierzamy wchodzić w związek myśląc, że to na całe życie. To może być wielka utopia. Żyjmy z dnia na dzień, z rezygnacją, miłością i troską o siebie nawzajem. Miłość jest bardzo piękna, o ile jest we właściwej mierze i we właściwej korespondencji.

Czy mogę walczyć z własnym losem?

Oczywiście, że możesz. Jesteś panem swojego przeznaczenia. Wszystko, czego chcemy, możemy osiągnąć dzięki jakości i dokładności. Wszystko może się zmieniać, zgodnie z energią naszej woli. Nie ma pewnej ani określonej przyszłości. Możemy walczyć z tym, co jest napisane. Możemy napisać historię na nowo.

Kiedy walczymy z własnym przeznaczeniem i wygrywamy, upewniamy się, że mamy jakość emocjonalną. Nasze emocjonalne przywództwo sprawia, że widzimy rzeczy niezauważone. Wtedy stajemy się magami życia, kimś, kto może przetrwać wielkie udręki. Jesteśmy domami zbudowanymi na skale, której nie są w stanie zburzyć nawet wielkie burze. Choćbyśmy nawet chodzili doliną cieni, zła się nie ulęknę, bo Ty jesteś ze mną.

W momencie, gdy zdecydowałem się walczyć z własnym przeznaczeniem, znalazłem się przed ryczącym lwem. Jestem jak syn Dawida, gdzie nic mną nie wstrząsa. Więc nie będę się niczego bał na tej kamienistej ścieżce. Dzięki własnym umiejętnościom pokonam wszystkie wyzwania, które pojawią się na mojej drodze. Czuję się silna i przygotowana na wszystkie życiowe wydarzenia.

Głęboko wierzę, że naszą najważniejszą miłością jesteśmy my sami

Jako młody człowiek zostałem odrzucony ponad dziesięć tysięcy razy. Błagałam o miłość wielu ludzi, ale nikt mnie nie chciał. Idę więc sama w tym świecie mojego Boga, z wielką miłością i wiarą. Cały czas mam swoje szczęście, z moimi indywidualnymi radościami. Mam swoją pracę i swoją literaturę. Wszystko to uzupełnia moje dochody.

Wszystko, co przeżyłem, nauczyło mnie mojego Poczucie własnej wartości. Kocham Boga, kocham siebie i lubię innych. W każdej sytuacji musimy stawiać siebie na pierwszym miejscu. A jeśli pewnego dnia pojawi się miłość, niech będzie odwzajemniona, prawdziwa i niech nas postawi na pierwszym miejscu. Jeśli nie, to nie chcę. Wolę pozostać w samotności. Wolę mieć swój wewnętrzny spokój i radość. Przejdźmy dalej.

Kiedy jesteś wobec mnie agresywny, werbalnie lub fizycznie, nie muszę cię znosić. Wyrzucę cię z mojego życia i po prostu ci wybaczę. Przebaczenie nie oznacza bycia na tyle, by dalej cierpieć.

Chcę być blisko wszystkiego, co sprawia, że czuję się dobrze. Chcę być blisko tych, którzy mnie kochają. Chcę być blisko Boga i mojej rodziny. Chcę być blisko wielkiej energii słońca. Chcę być gotowy na zwycięstwo i pokonywanie przeszkód. Musisz tylko tego chcieć i przyznać się do swoich błędów. Idźmy dalej.

Czy wierzysz w duchowość?

Choć chcą cię powalić, istnieje potężniejsza ręka, która może ci pomóc. Ta ręka nazywa się Jezus, największa siła we wszechświecie. Dzięki tej potężnej sile możesz osiągnąć cud zwycięstwa.

Na naszej ścieżce, głębokiej i wymagającej, mamy u boku naszego prawdziwego przyjaciela. I będzie w stanie zrozumieć Twoje potrzeby w najszerszy możliwy sposób. Mamy potrzeby psychologiczne, społeczne, umysłowe i biologiczne. Ale wszystko to jest zapewnione przez potężnego Boga. Nic złego ci się nie stanie, bo moc Jezusa rządzi twoim życiem.

Jeśli będziemy odpowiadać naszej duchowości, będziemy w stanie zrozumieć, czego Bóg wymaga od nas w naszym życiu. To właśnie ta duchowość nas podtrzymuje, wskazuje nam drogę, którą mamy podążać. Chwalmy więc Boga za to.

Bogactwo jest po części dobre, a po części złe. Pieniądze umożliwiają nam wygodne życie, kupowanie większej ilości rzeczy, dobrą opiekę medyczną, dobre wykształcenie i inne rzeczy materialne. Ale z drugiej strony, Duma i bogactwo trzymają nas z dala od prawdziwych przyjaciół. Tracimy kontakt z tymi, których kochamy, tracimy kontakt z naszym charakterem i z samym sobą. W ten sposób żyjemy w duchowej nędzy.

Jeśli się wzbogacisz, zatrzymaj przyjaciół biednych i im pomagać. Rób dobry użytek z pieniędzy, aby twoja dusza nie była stracona. Pielęgnuj dobre rzeczy w życiu, które poszerzają twoją duszę. Tylko wtedy odnajdziesz swoje prawdziwe szczęście jeszcze na ziemi.

Miej cierpliwość, aby zrozumieć krytykę

Jeśli ktoś cię krytykuje, w swoim umyśle ma swoje powody. Więc to, co powinniście zrobić, to ujawnić to. Nie bierz niczego do siebie. Dowiedz się, jak stawić temu czoła naturalnie, a będzie to miało dla ciebie mniejsze znaczenie. Będąc pewnym, że postępujesz słusznie, kontynuuj swój projekt życiowy. Na pewno w przyszłości czekają na Ciebie dobre osiągnięcia.

Krytyka może być źródłem osobistego doskonalenia. Wiedząc, gdzie możesz się poprawić, możesz ewoluować jako profesjonalista i człowiek. Wtedy ujrzysz wielkie światło, które pojawi się w tobie. Śmiało, bądźcie bardzo szczęśliwi.

Twoje wynagrodzenie jako pracownika jest Twoją nagrodą za Twoją pracę

Bardzo się cieszę, gdy otrzymuję wynagrodzenie. Czuję, że jest to owoc mojego zaangażowania jako pracownika. To trzydzieści dni intensywnego poświęcenia, zanim otrzymamy rekompensatę finansową. Naprawdę cenię swoją pracę, ponieważ to dzięki niej płacę rachunki. Z drugiej strony literatura w moim życiu jest bliższa hobby, ponieważ jest to coś, co zarabia mniej pieniędzy. Sztuka sama w sobie jest bardzo piękną aktywnością i jest uważana za świetną terapię umysłową. Ale to jest dalekie od zaspokojenia moich potrzeb finansowych, których jest wiele, ponieważ odpowiadam za utrzymanie czterech osób. Taka jest moja obecna rzeczywistość.

Nie zgadzam się z tym, że pracownik jest wyzyskiwany przez szefa. Myślę, że obaj popierają każdy dostaje to, co mu się słusznie należy. Są zalety i wady po obu stronach. Tak więc każdy z nich musi zobaczyć, jaka opcja jest najlepsza dla jego rzeczywistości. Niezależnie od tego, po której stronie jesteś, rób wszystko z troską i wielką miłością.

Wszystko ma swój moment, ale trzeba działać

Wszystko ma swój moment w życiu. Bo wszystko ma swoją godzinę pod niebem. Ale nie ma sensu w to wierzyć i myśleć, że wszystko spadnie z nieba. To tak nie działa. Aby osiągnąć cel, potrzebujesz działania z Twojej strony. Trzeba walczyć dzień po dniu, aby stać się tym, który zasługuje na swoje marzenia.

Nigdy nie stałem w miejscu. Kiedy czegoś chciałem, sięgałem po to. Odkąd zaczęłam studia, dostałam pracę, zawsze tak było, że stawiałam czoła swoim problemom. Nigdy nie spodziewałem się, że coś spadnie z nieba. Tak więc dziś jestem spełnioną osobą w kilku snach. Nie udało mi się spełnić wszystkich marzeń, bo dla biednych jest to trudne do zrealizowania. Ale spełniłem kilka marzeń i walczę o kolejne. I tak moje życie toczy się dalej.

Miej swoje sekrety, ale miej też zaufanych przyjaciół

Czasami zachowanie tajemnic jest konieczne, aby firma odniosła sukces. Ale czasami musimy dać upust naszym rzeczom komuś bliskiemu. Jeśli nie wypuścimy pary, możemy cierpieć na ciężką depresję i stać się chorzy psychicznie. Zadbaj więc o swoje zdrowie. Chroń siebie i miej zaufanych przyjaciół.

Jeśli chodzi o sekrety, zawsze miałem złą wadę polegającą na zdradzaniu swoich sekretów innym. Bardzo mnie to bolało w pracy, w rodzinie, w życiu towarzyskim. Sugeruję więc, abyś zrobił coś przeciwnego: zachowaj swoje osobiste rzeczy dla siebie. Czasami nasza intymność po prostu nie interesuje innych.

Wykonuj swoją rolę społeczną: wiedz, jak wybrać najlepszych polityków

Musimy być świadomi wyborczo. Musimy badać najlepszych polityków, aby do siebie pasowali zgodnie z naszymi oczekiwaniami w rządzie. Naszym obowiązkiem jest wspieranie właściwych ludzi, którzy robią różnicę dla wszystkich.

Jeśli dokonamy złych wyborów, zapłacimy za to wysoką cenę. Skorumpowani politycy po prostu niszczą nadzieję milionów ludzi swoją niewłaściwą postawą. Zróbmy więc to, co do nas należy i dobrze dobierzmy naszych przedstawicieli.

Jak ważne jest panowanie nad emocjami

Kontrolowanie emocji jest niezbędne do uzyskania dobrej jakości życia. Zasadniczo jest to bycie liderem samego siebie w różnych sytuacjach. To wiedza, jak wchodzić i wychodzić z sytuacji, które wiążą się dla ciebie z niebezpieczeństwem. Ci, którzy są kontrolowani emocjonalnie, mogą bardzo ewoluować we wszystkich relacjach, jakie mają w życiu.

Ci, którzy wymykają się spod kontroli, popełniają kilka błędów, a to szkodzi ich własnemu wizerunkowi. Kiedy tracimy kontrolę, ranimy siebie lub ranimy drugą osobę po kolei. W każdym razie to totalna katastrofa. Ucz się od samego życia i stań się społecznie zrównoważony.

Depresja jest dużym problemem, ale jest leczenie

Mówienie o depresji jest niezwykle ważne, ponieważ jest to choroba, która nęka miliony ludzi. Ludzie z depresją czują się smutni, samotni i niezadowoleni z życia. Ale dobrą rzeczą jest to, że jest leczenie. Są psychiatrzy i psycholodzy, którzy mogą pomóc w leczeniu choroby. Ty też musisz zrobić to, co do ciebie należy i zadbać o siebie. Staraj się mieć dobry Poczuj się dobrze, stań przy swoich najlepszych przyjaciołach i podnieś swoją duszę duchowo. Postaraj się poczuć lepiej i chętnych na nowe przygody. Życzę powodzenia i szczęścia.

Czytanie jest podstawową czynnością dla ludzi, którzy poszukują mądrości. To dzięki książkom uczymy się o życiu i podróżujemy w różne miejsca, nie odrywając stóp od ziemi. To magiczne zajęcie, które zawsze sprawiało mi wiele radości.

Moja historia z czytaniem zaczęła się, gdy byłem nastolatkiem. Wypożyczałam książki z lokalnej biblioteki, bo nie było mnie stać na kupowanie książek. Potem przeczytałem kilka ważnych zbiorów literackich i tak zaczęła się moja pasja do czytania. To właśnie stamtąd chciałem zostać pisarzem i było to marzenie, za którym goniłem przez wiele lat. Ale działalność literacka nabrała rozpędu dopiero po długim czasie. Obecnie moje książki ukazują się w ponad trzydziestu językach, a moje pisarstwo uważam za jedno z najważniejszych dzieł na świecie. Książki są moim wielkim dziedzictwem dla świata i pewnością, że nigdy nie zostanę zapomniany, nawet po śmierci.

Dziękuję Bogu, że schizofrenia nie odebrała mi talentu literackiego

Mam schizofrenię i Czasami jest to choroba przerażająca i męcząca. Schizofrenia wpływa na mózg, a leki, które przyjmujemy, aby kontrolować chorobę, szkodzą nam. Ale coś we mnie nigdy się nie zmieniło: mój talent literacki. Bóg zechciał, abym w swej nieskończonej dobroci nigdy nie stracił talentu literackiego. Zostało mi czterdzieści lat życia, a moja praca z książkami idzie mi bardzo dobrze. Zamierzam kontynuować moją karierę literacką do końca życia, niech Bóg sprawi, że będzie ona długa i zdrowa.

Kiedy religia każe nam osądzać ludzi i ich prześladować, to jest to bardzo złe. Bez względu na uprzedzenia, ranią one ludzką godność. Wszyscy ludzie, w swojej specyfice, powinni być szanowani i mieć wolność bycia tym, kim są. Świat byłby lepszy bez krytyki i osądzania innych.

Moim zdaniem, religia, która atakuje naszą wolność jednostki, nasze prawo do bycia tym, kim jesteśmy, jest farsą. O ile jest to poparte frazami w książce, nie jest to częścią prawdziwego oblicza Boga. Prawdziwy Bóg, którego znam, nie ma żadnych uprzedzeń. Kocha homoseksualistów, transseksualistów, czarnych, lesbijki, biednych, bogatych, żebraków, dzieci ulicy, kobiety. Prawdziwy Bóg jest Bogiem wykluczonych, a ci, którzy idą do piekła, to ci, którzy osądzają innych jako panów prawdy.

Jesteśmy istotami predysponowanymi do samotności. Rodzimy się sami, często dorastamy samotnie, samotnie pokonujemy nasze rzeczy, a w końcu umieramy samotnie. W rzeczywistości samotność To przerażające, ale dla większości ludzi jest to powszechna rzecz.

O ile mamy partnera, który dzieli z nami życie, w pewnym momencie go stracimy, a może Bądźmy tymi, którzy odejdą pierwsi. Życie to wielka plątanina cykli. Życie składa się z wielkich faz, a nawet małych osiągnięć. Ale życie zawsze będzie suwerenne w naszych osobistych sprawach.

Od dłuższego czasu towarzyszy mi rodzina. Do dziś mieszkam z trzema braćmi. Ale samotność jest również częścią mojej rutyny, miesza się z moim życiem w wielu momentach. Mam romantyczną samotność, z powodu braku partnera. Lecz ja mam religijną, mistyczną pełnię, miłość własna i własna wola. Wszystko to zmieniło mnie w wielkiego jasnowidza, małego chłopca, który wspiął się na świętą górę w poszukiwaniu swojego marzenia.

Zbuduj swoją teraźniejszość z myślą o prawdopodobnej przyszłości

Nie ma sensu rozwodzić się nad złymi rzeczami. Złe wspomnienia z przeszłości tylko cię bolą. Jeśli musisz pamiętać o przeszłości, pamiętaj o pięknych chwilach, które przeżyłeś z ludźmi, którzy są dla Ciebie najważniejsi.

Pracuj w teraźniejszości, aby mieć dobrą przyszłość. Ciężko pracuj, aby osiągnąć stabilność finansową i emocjonalną, pokój i szczęście. Pamiętaj, że zbierzesz dokładnie to, co zasiałeś.

Przyszłość jest wciąż niepewna. Więc Po co martwić się rzeczami, które są jeszcze bardzo odległe? Czasami nie mamy nawet możliwości życia. Pomyśl więc bardziej o chwili obecnej niż o przyszłości. Przyszłość jest całkowicie nieprzewidywalna.

Sukces nie przychodzi tak szybko

Czasami, nawet jeśli ciężko pracujesz, na sukces trzeba długo czekać. Czasami spędzamy dziesięciolecia w dążeniu do celu, a nawet wtedy wydaje się, że to nie wystarczy. Dochodzimy więc do wniosku, że wszystko ma swój właściwy czas, aby się wydarzyć. To tak, jakby wielki Stwórca napisał w swojej książce, że będziemy musieli walczyć jeszcze ciężej, aż osiągniemy nasz cel.

Korzystaj więc z daru cierpliwości. Ci, którzy czekają, zawsze sięgają wtedy, gdy najmniej zdają sobie z tego sprawę. Czasami rzeczy dzieją się w nieprzewidzianych sytuacjach. Ale zdarzają się, kiedy muszą.

Bądź wdzięczny za swój sukces i kontynuuj swoje marzenia. Nawet jeśli twój sukces nie jest wielki, bądź wdzięczny za wszystkie dobre rzeczy, które Bóg dopuszcza w twoim życiu. Jeśli jesteś wierny w małych rzeczach, tym większe będzie szczęście w Kościele. wielkie rzeczy, na które Bóg zezwala.

Będziesz miał wiele porażek i wiele zwycięstw

Kim jest osoba wygrywająca? Wbrew temu, co myśli wiele osób, bycie zwycięzcą nie polega na byciu zwycięzcą za każdym razem. Być zwycięzcą to uczyć się na porażkach, aby zastosować inną sytuację, która doprowadzi cię do zwycięstwa. Ale nie ma zwycięzcy bez porażki. Nie ma zwycięzcy bez początkowego doświadczenia. Ponieważ porażki są częścią naszego zawodowego, duchowego i ludzkiego doskonalenia.

Nie oczekuj więc od życia tylko zwycięstw. Spodziewaj się cierpienia, agonii, kroków, wiedzy, nauki, wyzwolenia, planowania, porażek, strat i zwycięstw. Dobry zwycięzca wie, jak docenić zwycięstwa jak nigdy dotąd. To właśnie te chwile szczęścia wypełniają jego wielkoduszne życie.

Wielkim darem, jaki pozostawił nam Bóg, był wolny wybór. To jest to, co pozwala nam tworzyć, wchodzić w interakcje, kochać. Ale nie zawsze jest to możliwe. Czasami żyjemy w otoczeniu rodziny, która wpływa na nas psychicznie i moralnie.

Czasami mieszkamy z rodzeństwem, ojcami, matkami, partnerami i to one wpływają na nasze decyzje. Ale jeśli możesz mieć wolną wolę, to świetnie. Niestety, nie miałem tyle szczęścia. Mieszkam z trójką rodzeństwa, a mój starszy brat jest panem domu. Nie mogę więc nikogo zaprosić do domu bez jego zgody. To smutna rzeczywistość, ale nie mogę od niej uciec. Moje rodzeństwo nie może pracować, bo jest analfabetą lub chore.

Niech inni wygrywają i radują się z tego

Naszym największym szczęściem powinno być to, że dobrze widzimy drugiego człowieka. Nie ma znaczenia, że nasze życie jest wypełnione porażkami. Niezależnie od sytuacji, nie żałuj jej. Będziesz miał swoje szczęście i swoje plony we właściwym czasie. W międzyczasie walcz i czekaj.

Cieszę się szczęściem bliźniego i moim szczęściem. Cieszę się z osiągnięć wszystkich ludzi. Nie powinniśmy popadać w smutny egoizm, pragnąc dobra tylko dla siebie. Musimy myśleć o kolektywie i dobru wszystkich ludzi.

Szczęście drugiej osoby powinno być dla ciebie bodźcem do szukania szczęścia. Zainspiruj się każdą historią i przykładem, który otrzymasz. Urodziliśmy się, by być szczęśliwi, to fakt. Potrzebujemy jednak długofalowej pracy, aby to skonsolidować. A więc ręce do pracy i dużo szczęścia w życiu osobistym.

Jesteś osobą o dużych zdolnościach twórczych, zawodowych i ludzkich. Jesteś liderem na własnych prawach. Ich praca zapewnia dobra wielu ludziom. Należy ci pogratulować pięknych zaręczyn.

Więc nie myśl, że jesteś biedną rzeczą. Nie, jesteś osobą silną. Nawet jeśli Czasami ponosisz porażkę, to nie czyni cię mniejszym. Awarie są częścią procesu. Nikt nie powinien wymagać doskonałości w pracy, ponieważ doskonałość nie jest z tego świata. Przez większość czasu powinniśmy robić to dobrze, ale nie wymagajmy stuprocentowego trafienia, ponieważ jest to niemożliwe.

Nie martw się o to, co nie należy do Ciebie

Są rzeczy, których nie musimy rozumieć. One po prostu się zdarzają. Ponieważ są one dziełem tego, co nieuniknione, nie możemy się tym martwić. Powinniśmy troszczyć się o życie osobiste nasze i naszych rodzin. To wystarczy. Koniec z gromadzeniem odpowiedzialności od innych.

Zadbaj o sprawne funkcjonowanie swojego życia. Zadbaj o swoją stronę zawodową, emocjonalną, osiągnięcia, porażki i doświadczenia. Odpoczywaj, śpij spokojnie, zajmij się swoimi obowiązkami. Bóg będzie wam błogosławił na miarę waszych wysiłków. Bóg ochroni cię przed wszystkimi niebezpieczeństwami. Stójcie więc niewzruszenie i bądźcie bardzo wdzięczni.

Porozmawiajmy o przyjaźni. Fałszywe przyjaźnie mogą nas oszukiwać przez jakiś czas, ale nie pozostają w naszym życiu z powodu nieporozumień. Postanawiasz więc położyć kres fałszywym przyjaźniom i trzymać się tylko tych prawdziwych. Prawdziwy przyjaciel to taki, który jest z tobą zawsze, gdy tego potrzebujesz. Prawdziwi przyjaciele są rzadcy i bardzo nieliczni.

Tak naprawdę nie mam żadnych przyjaciół poza rodziną. Moimi przyjaciółmi jest moje rodzeństwo i rodzice, którzy już nie żyją. Wszystkie moje przyjaźnie poza rodziną były fałszywe, tylko wpędzały mnie w kłopoty. Zakończyłem więc ten cykl w moim życiu.

Czy dzieci podtrzymują małżeństwo?

Nie w dzisiejszych czasach. Wystarczy jedna walka, aby para się pokłóciła i każde z nich znalazło własną drogę. W dzisiejszych czasach ludzie nie znoszą nieporozumień.

Nie jest więc wskazane, aby mieć dzieci, aby utrzymać małżeństwo, które już jest porażką. Lepiej rozstać się i mieć dzieci z tymi, których kochasz. Rób to planowanie tylko wtedy, gdy jesteś tego pewien w swoim życiu.

Czy dobrze jest mieć dużo dzieci bez planowania?

To nie jest dobre. Bycie dzieckiem to duża odpowiedzialność i każdy powinien sprawdzić, czy jego budżet pozwala na większe wydatki. Dzieci również wymagają od pary dużej uwagi. Jeśli pracujesz, może to być duży problem.

Jestem singielką i nie mam dzieci. Moim wielkim marzeniem było mieć dzieci, ale ze względu na wpływ mojej rodziny i dlatego, że za dużo pracuję, nie było to możliwe. Dziś mam czterdzieści lat i nie mam perspektyw na założenie rodziny.

Umawianie się z kobietą, która ma dzieci, jest trochę trudne

Umawianie się z kobietą, która ma już dzieci, może być nieco trudne. Dzieci mogą się do ciebie nie przyzwyczaić, jej były mąż może chcieć zakłócić związek, twój teść i teściowa mogą cię nie lubić. Możliwych hipotez jest wiele. Ale może to również zadziałać, jeśli kobieta nie ma już więzi ze swoją przeszłością, a to przejście może być bardzo płynne.

Umawianie się z samotną kobietą może być mniej skomplikowane dla mężczyzny. Zalecam więc, abyś przeanalizował dalej, czy dana osoba jest dla ciebie dobra i czy masz z nią pokrewieństwa. Powodzenia w życiu miłosnym.

Kiedy para ma dzieci, tworzą wieczną więź rodzinną. Więc nawet przy rozpadzie małżeństwa trudno jest się rozstać. Kiedy o tym myślimy, myślimy o naszych dzieciach i ich dobrym samopoczuciu. Ale czy zdrowe jest utrzymywanie małżeństwa ze względu na dzieci? Może nie jest dobrze pozostawać w związku.

Nawet będąc w separacji, możemy poświęcić uwagę naszemu dziecku. Tak więc bardzo zdrowe jest oddzielenie się, aby żyć inną kochającą rzeczywistością. Jeśli dziecko cię polubi, zrozumie sytuację i dobrze dojdziecie do porozumienia. Tak więc najlepiej jest, aby wszyscy byli szczęśliwi w swoich realiach.

Znalezienie wiernego mężczyzny jest bardzo rzadkie, ale takie istnieją. Ogólnie rzecz biorąc, wierni mężczyźni są tak nieciekawi, jak to tylko możliwe. Ponieważ Atrakcyjni ludzie zawsze mają za sobą tłum, a to znacznie komplikuje reputację mężczyzny.

Kto ma u swego boku wiernego męża, niech się z tego cieszy. Zachowaj go jako wielki skarb, aby oczy zazdrości nie przeszkadzały ci w szczęściu. Pamiętaj: co nie jest publikowane, nikt nie wie.

W mojej społeczności jest wielu młodych ludzi, którzy piją, palą i zażywają narkotyki. To nowe czasy pokazują, że ludzie są coraz bardziej przywiązani do uzależnień. Dzieje się tak z powodu wpływu innych ludzi na młodych ludzi, którzy nie mogą się go pozbyć.

Niechęć do przestrzegania zasad społecznych oznacza bycie uważanym za outsidera. Izolują cię i nawet nie chcą z tobą rozmawiać. Tworzą grupy, które cię ignorują. To sprawia, że Boli, ale w dzisiejszych czasach nie tak bardzo. Jeśli nie chcesz być moim przyjacielem, to w porządku. Mogę przetrwać o własnych siłach. Mogę być szczęśliwy w mojej samotności i w towarzystwie Boga.

Nie mam żadnych przyjaciół za to, że jestem brzydki, jestem homoseksualistą, szczerym, dobrym i charytatywny. Nie piję, nie palę, nie biorę narkotyków i nie prostytuuję się. Jestem przeciwieństwem tego, czego społeczeństwo oczekuje od mężczyzny, ale to nie ma dla mnie większego znaczenia. To, co jest dla mnie ważne, to moje dobre samopoczucie i moja relacja z Bogiem. Czuję się szczęśliwy w mojej relacji z wszechświatem. Czuję się szczęściarzem, że spełniłem wiele marzeń i walczę jeszcze mocniej. Idźmy naprzód z wiarą w Boga, że niczego mi nie zabraknie.

Kobieta nie powinna polegać na pieniądzach męża,
rodziców czy kogokolwiek innego. Życie składa się z cykli.
Upewnij się więc, że wykonałeś wszystkie kroki. Dorośnij, ucz się,
skończ studia, miej pracę, która pozwoli Ci opłacić rachunki. W
ten sposób, jeśli twój związek się nie powiedzie, będziesz miał
sposób na przetrwanie.

Niezależna kobieta nie może znieść oburzenia i przemocy
męża. Pełna siebie, wie, że jej środki do życia zależą tylko od niej
i od nikogo innego. Jej mąż musi dzielić się z nią wszystkim,
łącznie z wydatkami. Tak więc posiadanie niezależności pozwala
uniknąć wielu przyszłych problemów.

Mieszkanie w różnych domach jest dobrym czynnikiem dla
związku. W ten sposób unikamy rutyny, zużycia związku i
zachowujemy prywatność. Wszystko to sprawia, że związek jest
lepszy i trwa znacznie dłużej, niż gdybyście mieszkali w tym
samym domu.

Nigdy nie byłam w związku. Ale gdybym miał, przyjąłbym
ten model, który jest najlepszy ze wszystkich. W dzisiejszych
czasach jest to zdrowsze dla obu zwolenników. Stosunki nie są już
takie same jak trzydzieści lat temu, ponieważ sytuacja gwałtownie
się zmieniła. Najlepiej dostosować się do nowoczesności świata.

Piktawski – koniec III wieku

Wesoły urodził się w rodzinie pogan z pewnym wykształceniem i dobrymi środkami. Jego ojciec miał na imię Anthony, a matka Pearl. Gdy tylko skończył siedem lat, chłopiec poczuł pragnienie dowiedzenia się czegoś więcej o świecie, o tym, w co wierzyli jego rodzice i jak to go sytuowało w świecie. To była szczera rozmowa na kanapie w salonie po obiedzie.

Zabawne

Tato, mam już siedem lat, ale nadal prawie nic nie wiem o tobie i świecie. Czy mógłbyś mi to wyjaśnić?

Anthony

Oczywiście, mój synu. Masz pełne prawo wiedzieć. Jesteśmy poganami.

Zabawne

Co to znaczy pogański? W co wierzysz?

Anthony

Wierzymy w bogów natury. Wierzymy w moc energii natury. Wszystko we wszechświecie ma ciało, duszę i funkcję. Wszechświat jest wielkim kompleksem naenergetyzowanych pierwiastków.

Perła

A ta relacja z naturą jest relacją równości. Człowiek jest częścią naturalnego procesu. Dzięki temu ma takie samo znaczenie jak kamień, morze, ziemia, przestrzeń. Wszystko jest procesem połączonym ze sobą.

Zabawne

Niesamowite, prawda? A jaki jest sens życia?

Anthony

Żyjemy po to, by wytwarzać wiedzę, by przeżywać doświadczenia. Przyjemność sama w sobie przemawia do nas. Pogrążamy się w dobrych uczuciach i cieszymy się chwilą, jakbyśmy nigdy wcześniej jej nie doświadczyli.

Perła

Żyjemy po to, by oddawać sobie chwałę. Żyjemy jako część natury, jako nić wielkiego życia. Żyjemy po to, by błyszczeć, ale bez wyższości nad innymi. Przywdziewamy sandały pokory, aby czynić wielkie rzeczy.

Zabawne

Miłe słowa. Ale to wydaje mi się trochę niekompletne. Muszę wiedzieć więcej o życiu i o religii. Muszę jakoś zrozumieć, dlaczego tu jestem i rozwikłać inne tajemnice.

Anthony

To nie jest powód do zmartwień w tej chwili. Jesteś tylko dzieckiem. Na to przyjdzie czas. Zapiszę Cię do szkoły, abyś stał się osobą wykształconą, przygotowaną do wejścia na rynek pracy.

Zabawne

Dzięki, tato. Pokocham to. Chcę się rozwijać pod każdym względem.

Perła

Spokojnie, synu. Wszystko ma swój czas. Zaopiekujemy się tobą i wszystko będzie dobrze. Możesz nam zaufać.

     Chłopiec zgadza się z argumentami matki. Potem rezygnują i zajmują się swoimi obowiązkami. Przed nimi długa droga. Była to droga przygód, cierpień, bólu, tragedii i objawień. Chodźmy razem z nimi.

Rozpoczęły się zajęcia w szkole. Byli to tak zwani bogacze, którzy studiowali i poświęcali się wiedzy. Był to czas nauki i duchowego budowania, zgodnie ze starożytnymi wierzeniami.

Nauczyciel

Żyjemy jako obywatele osadzeni w społeczeństwie. A jak budować dobre społeczeństwo? Z szacunkiem dla siebie nawzajem. Z pracą i ze współpracą ze sobą. Z pewnością, że jesteśmy ludźmi niepełnymi i że jesteśmy zależni od pomocy innych. Aby być naprawdę dobrymi obywatelami, potrzeba wiele poświęcenia z naszej strony. Musimy zrozumieć naszą rolę jako profesjonalisty, który podejmuje wysiłek i chce, aby wszystko działało. Jesteśmy trybikami w systemie, ale nie maszynami. Tak więc każdy z nich musi przeanalizować swoją trajektorię, aby stać się dobrym profesjonalistą i wspaniałym człowiekiem.

Zabawne

Chcę być wspaniałym obywatelem. Ale muszę lepiej zrozumieć, jak to działa. Chcę zrozumieć złożony system życia i to, kto za nim stoi.

Eliana

Według chrześcijan Bóg stworzył wszystko i wszystkich. Bóg stworzył wszechświaty, planetę Ziemię i wszystko, co się na niej znajduje. Jestem osobą religijną i praktykuję czytanie Biblii.

Zabawne

Wspaniały. Chcę dowiedzieć się więcej na ten temat. Czy udzielacie prywatnych lekcji?

Eliana

To będzie wielka przyjemność, moja droga. Przyjdę do domu w weekend i dam wam podstawy chrześcijaństwa. Cała moja rodzina jest chrześcijańska. Mamy dużo wiary w Boga, w Jezusa Chrystusa i w Maryję.

Zabawne

Bardzo dobrze. Będę czekał z niepokojem.

Nauczyciel

Eliana jest wspaniałą nauczycielką. Będziesz w dobrych rękach. Dobrze jest chcieć wiedzieć rzeczy. Dobrze jest chcieć wzrastać jako istota ludzka i rozpalać wiedzę o boskim świetle. Gratuluję tego.

Zabawne

Dziękuję, Panie Profesorze. Wasz wkład jest również dla mnie ważny. Od ciebie nauczyłem się też być dobrym obywatelem. Idźmy do przodu, ludzie idą za nami.

Zebranie szkolne odbyło się odroczono, a studenci zostali zwolnieni. Czy odpowiedzi na pytania młodego mężczyzny były chrześcijańskie? Prześledźmy kolejne rozdziały.

Piękne lekcje nauczyciela chrześcijaństwa

Eliana przybyła do domu Hilario i razem spotkali się w prywatnym pokoju. Wtedy Eliana otworzyła Biblię i zaczęła medytować. Potem zaczął rozmowę.

Eliana

Biblia wyjawia prawdziwego Boga, któremu mamy oddawać cześć. Ale to nie jest Bóg, którego malowali w Starym Testamencie. On jest Bogiem objawionym przez Jezusa Chrystusa w Nowym Testamencie. Jezus przyszedł, aby przynieść nam słowo życia. Jezus przyszedł, aby rozmontować stare religie i pokazać nową drogę dotarcia do Boga.

Zabawne

Jak mogę iść tą drogą?

Eliana

Przestrzeganie przykazań, które można streścić w trzydziestu zasadach. Oto przykazania Bóg w całej ich głębi:

1) Kochaj Boga ponad wszystko, siebie i innych.

2) Nie mając ziemskich ani niebiańskich bożków, Bóg jest jedynym godnym uwielbienia.

3) Nie wymawiaj świętego imienia Bożego nadaremno ani go nie kusi; Ani dręczyć tych, którzy już się na nie powoływali.

4) Przeznacz przynajmniej jeden dzień w tygodniu na odpoczynek, najlepiej w sobotę.

5) Szanuj ojca, matkę i członków rodziny.

6) Nie zabijaj, nie krzywdź innych fizycznie ani werbalnie.

7) Nie cudzołóż, nie uprawiaj pedofilii, zoofilii, kazirodztwa i innych perwersji seksualnych.

8) Nie kradnij, nie oszukuj w hazardzie ani w życiu.

9) Nie mów fałszywego świadectwa, oszczerstwa, zniesławienia, nie kłam.

10) Nie pożądaj ani nie zazdrość bliźniemu swemu. Pracuj nad osiągnięciem własnych celów.

11) Bądź prosty i pokorny.

12) Praktykuj uczciwość, godność i lojalność.

13) W relacjach rodzinnych, społecznych i zawodowych zawsze bądź odpowiedzialny, wydajny i wytrwały.

14) Unikaj brutalnych sportów i uzależnienia od hazardu.

15) Nie spożywaj żadnego rodzaju narkotyków.

16) Nie wykorzystuj swojej pozycji, aby wyładować swoją frustrację na drugiej stronie. Szanuj podwładnego i przełożonego w ich relacjach.

17) Nie bądź uprzedzony do nikogo, zaakceptuj to, co jest inne i bądź bardziej tolerancyjny.

18) Nie osądzaj, a nie zostaniesz osądzony.

19) Nie bądź wybredny i przywiązuj większą wagę do przyjaźni, ponieważ jeśli będziesz się tak zachowywać, ludzie odsuną się od ciebie.

20) Nie życz krzywdy bliźniemu swemu ani nie bierz prawa w swoje ręce. Są do tego odpowiednie narządy.

21) Nie szukaj diabła, aby radził się przyszłości lub działał przeciwko innym. Pamiętaj, że wszystko ma swoją cenę.

22) Umiejcie przebaczać, ponieważ ci, którzy nie przebaczają innym, nie zasługują na Boże przebaczenie.

23) Czyńcie miłość, bo ona odkupuje grzechy.

24) Pomagaj lub pocieszaj chorych i zdesperowanych.

25) Módl się codziennie za siebie, swoją rodzinę i innych.

26) Pozostańcie z wiarą i nadzieją w Bóg bez względu na sytuację.

27) Podziel swój czas między pracę, wypoczynek i rodzinę proporcjonalnie.

28) Pracuj, aby zasłużyć na sukces i szczęście.

29) Nie chcesz być Bogiem, przekraczając swoje granice.

30) Zawsze praktykuj sprawiedliwość i miłosierdzie.

Zabawne

Bardzo pouczające. Jak powinna wyglądać nasza relacja z Bogiem?

Eliana

 Doktryna naucza, że Bóg jest ojcem wszystkich. Bóg jest naszym duchowym, kochającym i pomocnym Ojcem. Ale Bóg to także sprawiedliwość i miłosierdzie. Istota ludzka jest w swej istocie pełna wad, ale ma też wielkie cechy. Chrześcijaństwo naucza, że powinniśmy ewoluować, poprawiając pozytywy i korygując negatywy. A potem coraz bardziej zbliżamy się do tego, czego Bóg dla nas chce.

Zabawne

Dlaczego Jezus umarł?

Eliana

Jezus padł ofiarą skorumpowanego systemu religijnego tamtych czasów, który widział w nim zagrożenie. Zabili go więc, myśląc, że zniszczą jego nauki. Ale tak się nie stało. Apostołowie kontynuowali słowo. Dzisiaj chrześcijaństwo jest religią ugruntowaną.

Zabawne

Jezus wydaje mi się dobry. Uwielbiałem to nauczanie. Zamierzam stać się chrześcijaninem. Ale chcę też zbudować rodzinę ze wspaniałą kobietą i mieć dzieci. Można?

Eliana

W dzisiejszych zasadach jest to nadal możliwe. Chrześcijaństwo jest religią każdego z nas. Więc rozgość się, bracie. Czy jesteś gotów przyjąć chrzest?

Zabawne

Co to jest chrzest?

Eliana

Jest to poświęcenie się chrześcijaństwu. Zostaje zaproszony na chrzest, który odbędzie się w przyszłym tygodniu nad brzegiem beczki z wodą. Będę obecny na miejscu.

Zabawne

OK. Pójdę i potwierdzę swoją decyzję. Bardzo dziękuję za wszystko, co dla mnie zrobiłeś.

Eliana

Na nic, kochanie. Zawsze możesz na mnie liczyć.

Eliana odeszła i zostawiła swoją uczennicę w głębokiej wewnętrznej refleksji. Co będzie się działo od teraz? Jedyną pewnością, jaką miał, było to, że jest gotów oddać swoją duszę Bogu.

Chrzest

Nadszedł wyznaczony dzień. Gdy jego rodzina się połączyła, Hilary wszedł do rzeki. Kapłan gestem uczynił znak krzyża na czole i polał je wodą. Wtem na niebie rozległ się grzmot. Było to poświęcenie się chrześcijaństwu tak oddanego sługi. Rytuał zmiany, który wpłynąłby na niego i całą rodzinę. Wychodząc z wody, spotyka krewnych i przyjaciół.

Eliana

Jak się czujesz, kochanie?

Zabawne

Czuję się świetnie. Czuję, że podjąłem słuszną decyzję. Czuję się odnowiony przez Ducha Świętego. Kiedy zdecydowałem się oddać swoje życie Jezusowi, wiem, że zrobiłem ważny krok w kierunku mojej nieśmiertelności. Chcę dotrzeć do nieba i cieszyć się wszystkimi dobrami dawanymi wiernym.

Eliana

To by było na tyle. Jestem tutaj, aby wspierać Cię na tej drodze.
Witamy na zajęciach.

Zabawne

Żałuję, że nie mam żony. Co o tym sądzisz?

Anthony

Wydaje mi się, że jest dobrym człowiekiem. Lubisz ją?

Zabawne

Jest siostrą w wierze. Jest wspaniałym człowiekiem. Podoba mi się
jej wygląd.

Perła

Więc zostań z nią, synu. Nie mamy nic przeciwko temu. To ty
musisz wiedzieć, jaka jest twoja ścieżka. Jesteśmy tutaj, aby
zawsze Cię wspierać.

Zabawne

Dziękuję ci, moja mamo. Doceniam słowa. Czy chcesz zostać moją
żoną, Eliana?

Eliana

Jeśli to nie stanie ci na drodze, wezmę to. Łącząc siły, możemy
stworzyć piękną rodzinę. Moim marzeniem jest być żoną
chrześcijanina. Pokocham to.

Zabawne

Bądźmy więc mężem i żoną. Chcę też podążać za życiem
zakonnym i oddać się Chrystusowi. Dziękuję Ci, mój Boże, za to
wielkie błogosławieństwo.

Ten dzień był jednym z wielu błogosławieństw. Był to
chrzest Hilarego, tego wielkiego chrześcijanina. Z Bożą opieką

wzrastał w wierze i starał się dostrzec swoją misję w świecie. Gratulacje i powodzenia.

Podsumowanie końcowe

Hilary wzrastał w świętości. Został biskupem, rozstał się z żoną i zaczął całkowicie poświęcać się życiu chrześcijańskiemu. Stał się wielkim świętym katolickim, czczonym do dziś. Jej dzień obchodzony jest 13 stycznia.

Otworzyłem trzecie drzwi i tym razem znalazłem zgromadzenie ludzi: pastora, księdza, buddystę, islamistę, spirytystę, Żyda i przedstawiciela religii afrykańskich.

Ustawiono je w kręgu, a pośrodku znajdował się ogień, którego płomienie nabrały wyrazu: zjednoczenie narodów i drogi do Boga. W końcu uściskali się i zaprosili mnie do grupy. Ogień przesunął się ze środka, wylądował na mojej dłoni i narysował słowo nauka. Ogień był czystym światłem i nie powodował oparzeń.

W mojej analizie, w tym samym czasie, gdy religie się spotykają, rozdzielają się. Religia jest dobra dla wielu ludzi, ponieważ jest czymś szlachetnym, co daje nam wewnętrzną siłę. Ale jest to również coś, co powoduje, że wielu ludzi jest nietolerancyjnych, uprzedzonych i źle traktuje ludzi. Dobrą rzeczą byłoby, gdyby wszyscy zjednoczyli się w jednej konstruktywnej sile dobra. Ale to prawdopodobnie nigdy się nie wydarzy.

Jem śniadanie w milczeniu, ale z przygnębionym umysłem.

Jakie będzie trzecie i ostatnie wyzwanie? Co się ze mną stanie w jaskini? Jest tak wiele pytań bez odpowiedzi, które przyprawiają mnie o zawrót głowy. Poranek mija, a wraz z nim moje kołatanie serca, lęki i dreszcze. Kim teraz byłem? To z pewnością nie było to samo. Wspiąłem się na świętą górę w poszukiwaniu przeznaczenia, którego sam nie znałem. Odnalazłam strażnika i odkryłam nowe wartości oraz większy świat, niż kiedykolwiek myślałam. Wygrałem dwa wyzwania, a teraz zostało mi tylko trzecie. Zimna trzecia, odległa i nieznana

Wyzwania jaskini są jak wyzwania życia codziennego: są gigantyczne. Niezależnie od tego, do jakiego celu dążysz, będziesz miał wahanie, strach, wstyd, będziesz chciał się poddać z wielu powodów. Ale dlaczego mówię, żeby się nie poddawać? Bo świat nie jest taki sam bez naszych marzeń. Bo jeśli porzucimy nasze marzenia, część nas umrze nieświadomie.

Wyzwania czynią nas wielkimi, ponieważ karmią nas naszą wielką wewnętrzną siłą. Gdyby to było łatwe, nie byłoby śmieszne. Tak więc rozwiązywanie wyzwań jest świetną grą i niezbędnym ćwiczeniem umysłowym dla nas samych. Rozwiązując wyzwania, stajemy się zwycięzcami w każdych okolicznościach. Na tym polega magia życia. To jest wielkie przejście, które sprawia, że jesteśmy silni i mamy dobrą samoocenę. Choć życie jest kapryśne, możemy dostrzec nadzieję na zwycięstwo w naszej osobistej trajektorii. Zaufaj temu i idź po to.

Podejście do związku wymaga nastawienia i mentalnego usposobienia. Jeśli nie jesteś ze sobą w porządku, nic z tego nie zadziała. Wiemy, że związek może być dobry lub zły, w zależności od osoby. Dlatego dokładnie przeanalizuj, czy będzie to dla Ciebie dobre.

Kiedy mamy mniej wątpliwości, mniej wstydu, więcej dystansu, więcej energii, więcej chęci, jesteśmy gotowi do działania. Jesteśmy otwarci na przyjęcie kogoś w naszym życiu w sposób, jakiego nigdy wcześniej nie widziano.

To sposób, w jaki postrzegasz siebie przed światem, robi różnicę. To twój sposób na bycie wesołym, pełnym szacunku i serdecznym wobec ludzi, który może zjednać sobie osobę. Więc uwierz w swój potencjał i idź po to. Na ścieżce życia czeka na Ciebie wiele dobrych rzeczy.

Są bardzo uparci ludzie, którzy nie chcą widzieć prawdy, którą pokazuje im życie. Pozostają więc w swoich przekonaniach, nawet jeśli zdają sobie sprawę, że to ich zniszczy. To dlatego, że nie chcą przyznać się do własnych błędów.

Aby być szczęśliwym, bądź mniej uparty. Ucz się na błędach, trzymaj głowę do góry i idź do przodu. Po drugiej stronie ulicy zawsze będzie pomoc, której nigdy się nie spodziewałeś. A Twoje szczęście będzie na Ciebie czekać w każdym idealnym momencie Twojego życia. Pogratuluj sobie tego.

Otwórz się na życiowe możliwości. Otwórz się, aby wsłuchać się w to, czego oczekuje od ciebie wszechświat. Spróbuj wsłuchać się w głębię swojej duszy. Trzymaj się ich rad w szczególny sposób. Wygodny sposób, który daje radość i przyjemność. Więc idź z ufnością, aby wygrać wszystkie swoje nagrody.

Nie pozwól, aby ktokolwiek Cię zniechęcił

Motywacja, wiara i ciężka praca to podstawowe cechy projektu udany. Utrzymuj więc dobrą opinię, aby uzyskać konkretne rezultaty. Nie pozwól, aby ktokolwiek odebrał Ci możliwość poczucia się szczęśliwym, spełnionym i chcianym.

Pozbądź się toksycznych związków. Jeśli coś cię boli i przygnębia, odejdź od tego dla własnego dobra. Nie bój się zdusić go w zarodku. Nie bój się narzucać swojej woli. Nie bój się zaryzykować miłości. Nie bój się być szczęśliwy. Jeśli żyjesz życiem, które jest tylko mierzalne, nie przyniesie ci to wspaniałych rezultatów.

Zawsze stawałem przed gigantycznymi wyzwaniami i byłem zmotywowany, ponieważ to było moje jedyne wyjście. Tak więc pokonywałem przeszkody krok po kroku. Dzięki temu spełniłem kilka marzeń, porzuciłem inne projekty i zastąpiłem je innymi celami. A życie szybko minęło. Stałem się nieśmiertelny, o którym zawsze marzyłem. Napisałem pięćdziesiąt cztery różne książki. Na każdej stronie książki znajduje się wielka nauka dla czytelnika i dla mnie. W końcu wszyscy wygrywają, a my wytrwamy do końca.

Wygrałem, bo wierzyłem w swój projekt. Wygrałem, ponieważ osiągnąłem małe rzeczy, które mnie uszczęśliwiły. Bycie szczęśliwym nie oznacza zbicia fortuny. Być szczęśliwym to być zdrowym, pracować i być autorem własnej historii. Być szczęśliwym to być na tyle odważnym, by podejmować ryzyko i próbować nowych rzeczy. tylko nas spowalnia i przynosi nam nieszczęście. Uwierz więc w siebie w każdej sytuacji.

Nie żartuj między innymi z grubych ludzi, osób niepełnosprawnych, czarnych, homoseksualistów, brzydkich ludzi. Nawet jeśli nie ma złych intencji z Twojej strony, destrukcyjny komentarz negatywnie wpływa na poczucie własnej wartości drugiej osoby i sprawia, że jesteś zraniony. Czasami osoba ukrywa swoje uczucia w tym czasie, ale potem bardzo cierpi z powodu swojej niegodziwości.

Staraj się nie krytykować innych ani nie chcieć znaleźć doskonałości w kimś innym. To po prostu nie istnieje. Jesteśmy pełni wad i niedoskonałości, które muszą znosić ci, którzy nas miłują. Wiedzą tylko ci, którzy nas nie kochają krytykuje, ale też nie widzi własnych błędów.

Traktuj mniejszości dobrze i szanuj je. Zaprzyjaźnij się z kimś, komu brakuje uczuć. Ich rady i wskazówki pomóc Ci przezwyciężyć Twoje ograniczenia. Postaraj się więc uszczęśliwić kogoś innego. Podziwiaj proste i przyziemne gesty życia. Należą się za to brawa.

Na krzyżu Jezus dał przykład prawdziwej miłości

Jezus pokazał na krzyżu swój przykład miłości do ludzkości. Chociaż udało mu się uciec, wyruszył, by cierpieć za nasze grzechy. To było odkupienie człowieka. Przez swoją krew Jezus odkupił człowieka z Bogiem. Była to doskonała ofiara uwielbienia dla Najwyższego.

Jakkolwiek wielkie są nasze problemy, Jezus najbardziej cierpiał na krzyżu. Niech Twoje problemy nie zniechęcą Cię do szukania dla Ciebie tego, co najlepsze. To właśnie w trudnościach możemy wzrastać i rozwijać się lepiej. Wyzwania uczą nas odwagi i stawiania czoła temu, czym musimy być.

Dziś uważam, że warto było podjąć osobisty wysiłek, aby chcieć być tym, o czym zawsze marzyłem. Było wiele bitew, ale wygrałem je wszystkie dzięki mojej wierze i działaniu. Rzeczywiście, każdego dnia dzieją się cuda.

Jakże straszne jest to, co ludzie myślą o homoseksualistach

Większość ewangelicznych chrześcijan, ignorantów i uważa, że homoseksualiści są w grzechu. W tym celu posługują się starożytnymi fragmentami Biblii. Ale to zupełnie niepotrzebne. Bycie homoseksualistą nie jest wyborem, jest warunkiem. Tak więc, jeśli Bóg jest miłością, przyjmie ludzi takimi, jakimi są.

Wybory takie jak kradzież, zabójstwo, porwanie lub napaść na innych są złymi wyborami. Poza tym, jeśli obywatel postępuje właściwie, nie powinien być kamienowany. Krajach religie, a ludzie powinni zrozumieć, że bycie homoseksualistą jest po prostu normalne. A jeśli się z tym nie zgadzasz, po prostu nie podchodź do tego. Po prostu szanuj prawo każdego do istnienia.

Para może być heteroseksualna, biseksualna lub homoseksualna. Ważne jest, aby rodzina wiedziała, jak wychować swoje dzieci na prawdziwych obywateli. Ważne jest, aby czuć się mile widzianym i kochanym przez naszą rodzinę. Reszta nie wnosi nic do naszego życia. Dlatego zawsze kochaj najpierw siebie, nawet jeśli twoja rodzina lub społeczeństwo cię nie rozumie.

Brazylia jest z natury bogatym i pięknym krajem. Ma wojownika i Kształci ludzi, którzy zawsze szukają w sobie tego, co najlepsze. Ale minusem tego jest to, że niektórzy chcą wykorzystać wszystko. Brazylijskie oszustwo kojarzy się z korupcją, kłamstwem i fałszem.

W północno-wschodniej Brazylii, gdzie ludzie żyją poniżej granicy ubóstwa, mamy przykład ludzi, którzy są naprawdę oddani swoim marzeniom. Mieszkaniec Północnego Wschodu to wojownik podziwiany przez cały świat. Pochodzę z północnego wschodu z wielką dumą i uznaniem. Znaczna część mojej literatury przedstawia północno-wschodnią Brazylię ze wszystkimi jej trudnościami, osiągnięciami, zwycięstwami i porażkami. Czuję się dumny, że mogę być częścią tego świata.

Nadzieja i wiara są małym powiewem świeżości w obliczu wielkiej rzeczywistości życia. Wiemy, że życie stawia przed nami wyzwania, jest monotonne i często bardzo nas zniechęca. Ale jeśli pogrążysz się w depresji, co się z tobą stanie?

Nadzieja i wiara to potężne siły, które prowadzą nas do sukcesu, nawet jeśli wymaga to czasu. Więc przyjmij to z całej siły i idź swoją drogą. Po drodze zawsze jest morze nadziei, które cię odurza.

Do wspomnianego społeczeństwa, Rodzina i wszyscy ludzie narzucają nam zasady, których mamy przestrzegać. A to wpędza nas w pułapkę wielkiej farsy. Nie będąc w stanie być tym, kim naprawdę jesteśmy, przez większość czasu żyjemy w masce. Powoduje traumę, która może, ale nie musi trwać przez całe życie.

Jak tylko możesz, uwolnij się. Żyj swoją naturą. Dobrze jest być szczęśliwym będąc tym, kim się jest i widząc, że ludzie cię rozumieją. Oprócz Czasami tak się nie dzieje. Czasami członkowie twojej rodziny nie akceptują twojego sposobu bycia. Więc albo zostaniesz z nimi, albo się uwolnisz. Są tylko te dwie opcje.

Życie w zgodzie z samym sobą jest najlepszą rzeczą, jaka może się zdarzyć w twoim życiu. Kiedy jesteśmy autentyczni i oryginalni, niszczymy cykl ciemności w naszym życiu i zastępujemy go cyklem światła. A wtedy nasze życie przybiera różne kolory i kształty. To właśnie z tego nowego punktu widzenia mamy najlepsze doświadczenia w naszym życiu. Przejdźmy dalej.

Jesteśmy istotami ludzkimi, które przechodzą przez kilka faz. Mamy dobrą fazę, kolejną złą fazę, fazę z poważnymi problemami i kolejną fazę straconą. Wydaje się, że nie chcemy myśleć lub chcemy uciec od problemów. Ale uwierz mi: to nie jest najlepszy sposób na rozwiązanie tego problemu.

Rozwiązaniem problemów jest zmierzenie się z nimi z propozycją ich rozwiązania. Kiedy stajemy przed problemami i zabieramy się za ich rozwiązanie, sprawy zostają rozwiązane. To nie jest magiczne. Jest to złożona praca analityczna. W tych próbach Będą porażki i sukcesy i będziesz musiał sobie z tym poradzić.

Dowiedz się, co jest źródłem problemu. Znając wroga z bliska, tam poznasz swój słaby punkt. Zaatakuj w tym kierunku i poszukaj możliwego wyjścia. Nawet jeśli uważasz, że nie jest to idealne rozwiązanie, odpowiedź jest lepsza niż nic. Gdy wszystko zostanie załatwione, będziesz miał spokój, którego tak bardzo potrzebujesz i na który zasługujesz.

Życie jest wielkim darem dla nas wszystkich

Ciesz się życiem, póki masz czas. Nie odkładaj swojego marzenia zbyt długo, podążaj za nim. Jedyne, co może się wydarzyć, to dać złc, alc będziesz miał zgromadzone doświadczenia. Oto życie płynie tak szybko jak pociąg, a my jesteśmy pasażerami. Za godzinę dotrzesz na stację, na której musimy wysiąść. A wtedy będziemy tylko miłymi wspomnieniami w umysłach tych, którzy nas kochali i podziwiali.

Pielęgnuj Boga, swoje zdrowie, miłość i prawdziwe przyjaźnie. Miej tylko potrzebne pieniądze. Zbyt wiele bogactwa wypacza serce i czyni nas samolubnymi i dumnymi. Jeśli masz wolne pieniądze, przekaż darowiznę najbardziej potrzebującym. Czy wiesz, że gdyby miliarderzy oddali co najmniej dwadzieścia procent swojej fortuny, świat byłby mniej głodny? Te pieniądze nie byłyby im potrzebne i nadal mogłyby pomóc wielu ludziom. Szkoda, że tak nie myślą. ´

Nie martw się, jeśli dopadły Cię mroczne czasy. Każdy w życiu przez to przechodzi. W twoim życiu będą chwile kłopotów i okrutne chwile. Ale jak mawiali starożytni: wszystko przemija. Nadejdzie spokój i czasy podbojów dla twojego życia. Trzeba tylko uwierzyć, że można się zmieniać i doskonalić we wszystkich aspektach.

Moja ciemna noc była głęboka, intensywna, ale wyzwalająca. Byłem młodym człowiekiem, który lubił pokazywać tyłek, ale potem stworzyłem wstyd na twarzy. Zrehabilitowałam się i stałam się etyczną, silną, przekonującą, miłosierną, hojną, wyrozumiałą, kochającą, miłosierną i otwartą istotą ludzką.

Doświadczenie na pustyni pokazało mi, że zasługuję na lepszą przyszłość z moją rodziną. W końcu nauczyłam się szanować siebie, rozumieć, że życie nie jest łatwe i że jestem na dobrej drodze.

Pielgrzymka na świętą górę, gdzie mogłam rozwijać swoje dary, była czymś więcej niż tylko wyzwalającym aktem w moim życiu. Razem ze strażnikiem i Renato mogłem uczestniczyć w niezliczonych przygodach, w których rozwijał się mój projekt literacki. I od tego wszystko się zaczęło w mojej historii. Stałem się jasnowidzem, wielkim gawędziarzem. Jestem z siebie dumna, kiedy zdaję sobie sprawę, że minęło siedemnaście lat w mojej karierze literackiej. To były przyjścia i odejścia, zwycięstwa i porażki, ale teraz jestem przekonany o tym, czego chcę. Cieszę się, że jestem pisarką. Publikacja została opublikowana w ponad trzydziestu językach, co czyni mnie jednym z najczęściej tłumaczonych autorów na świecie. To dopiero początek. Urodziłem się dla wielkiego sukcesu literackiego.

Wiele osób oklaskuje i podziwia ludzi sukcesu. Mówią takie rzeczy jak: ma szczęście. Po prostu zazdrośni ludzie umniejszają nasze talenty, myśląc, że dostajemy rzeczy za darmo. Jest to całkowicie fałszywe. Za wielkim sukcesem zawsze kryje się historia przezwyciężania. Czasami są to dziesięciolecia pracy i wysiłku w Twojej roli. Cóż, nic nie jest łatwe i nic nie jest przypadkowe.

Nadszedł czas, abyś mniej podziwiał sukcesy innych i pracował nad swoimi celami. Im więcej czasu mija, tym trudniej się robi. Więc nie czekaj dłużej. Idź do walki o to, czego chcesz z dużym entuzjazmem do życia. Z głębi serca życzę wszystkim waszym projektom.

Tylko ci, którzy mają ducha dziecka, wejdą do nieba

Trzeba narodzić się na nowo i być jak dziecko, aby wejść do nieba. Musimy mieć ducha zmiany i rozpoznać nasze błędy, które tak bardzo przeszkadzają nam w naszej duchowej podróży do nieba. Pozbądź się arogancji, bądź fałszywy, bądź uczciwy, sprawiedliwy, bądź wyrozumiały dla tych, którzy są nad tobą i pod tobą. To dopiero początek ich wielkiej wspinaczki w przyszłość.

Być dzieckiem to nie być naiwnym. Ale to wiara w to, że dzieci Mieć. Bo wtedy nadal będziesz wierzyć we wszystkie swoje marzenia. Wtedy Twoje marzenia mogą się spełnić z dawką wysiłku i odrobiną duchowego oświecenia. Być dzieckiem to zachować młodego ducha, nawet pomimo wszystkich negatywnych doświadczeń życiowych. Co cię nie niszczy, to jeszcze potęguje. Wtedy będziesz mógł spokojnie i szczęśliwie kroczyć ku sukcesowi i osobistemu szczęściu. Wszyscy rodzimy się, aby być szczęśliwymi i odnosić sukcesy.

Eleonora była córką artystów Jamesa i Gisele. Oboje byli wielkimi śpiewakami narodowymi w Brazylii. Kiedy skończyła osiemnaście lat, Eleonora umówiła się na spotkanie z rodzicami, ponieważ podjęła decyzję.

Eleonora

Chcę też być piosenkarką. Wzięłam już kilka lekcji śpiewu i jestem gotowa.

James

Cóż za piękna inicjatywa, córko. Masz do dyspozycji całą moją sieć wsparcia. Czy jesteś gotowy, aby nagrać swój album muzyczny?

Eleonora

Już się przygotowuję. Niepokój i nerwowość mnie zabijają. To dla mnie nowość.

Gisele

Nie jest łatwo śpiewać. Trzeba dużo podróżować i dużo się narażać. Wszyscy dziennikarze często o nas mówią.

Eleonora

Prawda. Ale nie ma czegoś takiego jak zawód idealny. Wszystko ma swój pozytywny i ujemny punkt. Trzeba się przyzwyczaić do tej sytuacji.

James

Udzielę państwu mojego poparcia. Będziesz miał ochroniarzy, którzy Cię ochronią. Nie rzucaj się w oczy, że wszystko będzie dobrze.

Eleonora

Dziękuję bardzo, tato. Bardzo dziękuję. Dałeś mi zachętę, której potrzebowałem. Zamierzam dalej nagrywać album z piosenkami i rozpocząć karierę muzyczną.

Gisele

Niech Bóg cię błogosławi, córko. Wszystko będzie dobrze.

Eleonora skończyła spotkanie i wróciła do pracy. To był początek wielkiej historii, która miała zostać opowiedziana. Całe szczęście na świecie dla Eleonory.

Pierwszy duży koncert i kontakt z fanami

To był wspaniały pokaz artystki Eleonory. Był to jego pierwszy koncert w ramach trasy koncertowej, która miała objąć cały kraj. Wszystkim się to podobało, zwłaszcza personelowi jasnowidza, który był gościem specjalnym.

Boski

Uwielbiam romantyczną muzykę. Wszystko to przypomina mi moje nastoletnie czasy. Czas, kiedy kochałam i zakochiwałam się wiele razy. Dobre czasy, które już nie wrócą.

Beatriz

Przypomina mi to również okres dojrzewania i czasy szkolne. Wciąż byłam małą czarownicą.

Renato

Nie spędzam zbyt wiele czasu, ale są to dobre piosenki do słuchania i zachwytu.

Duch gór

To muzyka wysokiej jakości. Kochałem twój głos, kochanie. Masz talent. Dalej.

Eleonora

Cieszę się, że cię zadowoliłem. Wiem, że to początek długiej podróży. Będę starał się robić z siebie coraz więcej. Bardzo dziękuję wszystkim za wsparcie.

To był pierwszy występ dziewczyny i czuła się ogromnie szczęśliwa. Teraz chodziło tylko o to, aby posunąć się naprzód ze wszystkimi kwestiami, które można było pogodzić.

Ślub drogiej Eleonory

Podczas trasy Eleonora poznała wspaniałego muzyka. Zaczęli się więc spotykać. Po trzech latach związku wzięli ślub, a ona była już w ciąży. Natychmiast zaaranżowali ślub. Podczas wydarzenia uczestniczyli przyjaciele i rodzina, bratając się z tym bardzo ważnym dla niej momentem.

Beatriz

Nie wiem nawet, jak podziękować za zaproszenie. Wiem, jak ważna dla kobiety jest obecność ludzi, których kocha. Jestem nieskończenie szczęśliwy, że zostałem wybrany. Moje magiczne błogosławieństwo dla was obojga.

Duch gór

Spełniasz marzenie wszystkich osieroconych kobiet. Gratuluję i mocno ściskam. Obyś była szczęśliwa, kochanie.

Eleonora

Jak miło jest otrzymać od was te pozytywne energie. Cieszę się z tego wspaniałego dnia. Znalazłem dobrą osobę, która mnie rozumie. Czy to nie niesamowite, kochanie?

Erasmus

Tak, a dobrą rzeczą jest to, że dzielimy razem każdą chwilę życia. Odkąd poznałem moją żonę, jestem oczarowany jej pracowitym, oddaniem, miłością i zrozumieniem. Naprawdę miałam dużo szczęścia w miłości.

Boski

Nie mogę powiedzieć tego samego, kochanie. Ale dobrą rzeczą jest to, że mamy cię za przykład do naśladowania.

Renato

Zawsze będziemy pamiętać tę chwilę jako czas uświęcony. Dzień, w którym nasza droga przyjaciółka Eleonora wyszła za mąż.

Eleonora

Cóż za radość to słyszeć. Jesteś słodki. Ciesz się imprezą: mamy dużo muzyki, jedzenia, zabawy, dobrych rozmów, śmiechu. Krótko mówiąc, jest to wielkie wydarzenie dla nas wszystkich.

Święto trwało z radością. Wszyscy goście bardzo cieszyli się z tej chwili. Pod koniec popołudnia para młoda w końcu żegna się i wraca do domu. To był początek nocy poślubnej między parą. Najlepsze życzenia dla Pary Młodej.

Minęło piętnaście lat. Eleonora dwukrotnie wychodziła za mąż i miała troje pięknych dzieci. Skonsolidowani w muzyce, Była cała radosna. Aż pewnego strasznego dnia zdiagnozowano u niej raka piersi. Stawiła czoła problemowi, korzystając z wszelkiej możliwej pomocy medycznej i wsparcia rodziny. To były mroczne chwile, kiedy możliwość śmierci była realna. Ale po pięciu latach leczenia została wyleczona. Potem rak został pokonany dzięki lekarzom i ich modlitwom. Stała się przykładem pokonywania wyzwań dla wszystkich. To była historia Eleonory, którą pomyślałam, że warto się z wami podzielić.

Jak prowadzić swoją pracę?

Praca musi być ukierunkowana na naszą satysfakcję, radość i życzliwość. Cała praca musi mieć wysiłku, ale musi też być inteligentny. Osiąganie najlepszych wyników jest celem każdej firmy. To samo dotyczy pracowników.

Praca daje nam godność i sprawia, że jesteśmy w stanie produkować znacznie lepiej. Praca daje nam siłę do kupowania rzeczy i spełniania pięknych marzeń. Tak więc praca dodaje wiele rzeczy do naszego życia. Doceń swoją pracę, bo bez niej nie byłbyś w stanie osiągnąć tylu pięknych wyczynów.

Musimy mieć kontrolę emocjonalną i zdrowy rozsądek, aby zrozumieć, co jest dla nas najlepsze. Jeśli coś jest dla Ciebie dobre, przytul to mocno. Ale jeśli coś cię boli, odejdź na dobre. Są to rzeczy życia, które przychodzą i odchodzą i wypełniają naszą egzystencję.

Idź po to, co jest dla Ciebie dobre. Idź w poszukiwaniu swojego szczęścia, nawet jeśli napotykasz wielkie bariery. Pamiętaj jednak, że przede wszystkim ponosisz wyłączną odpowiedzialność za dobre samopoczucie. Więc najpierw pokochaj siebie.

Nie trać czasu z tymi, którzy cię nie cenią

Nie trać czasu z tymi, którzy cię nie cenią. Wszyscy ci, którzy Cię odrzucili, byli świadomi swoich wyborów. Wiedzieli, że nie mogą zawrócić. Pamiętaj jednak, że wybrali innych ludzi. Więc nie cierp z powodu przeszłości. Pomyśl o sobie. Pomyśl o tym, jak dobrze jest kochać siebie.

Odrzucenie nauczyło mnie, jak cenna jestem dla siebie i dla Boga. I że mogę przetrwać bez romantycznej miłości. Nikt nie umiera z miłości, ale może umrzeć z głodu. Więc nie martw się o miłość, którą inni mogą ci dać. To jest to, co ma najmniejsze znaczenie. Wszystko to przemija, ale to, co pozostaje z tobą, to ty sam. Żyj więc swoim życiem z wielką radością.

To świat, w którym nikt nie jest doskonały. Tak więc, niezależnie od wieku, jesteśmy tu po to, aby się uczyć, uczyć, ewoluować. Życie jest wspaniałym zbiorem doświadczeń, które czynią nas lepszymi lub gorszymi ludźmi w zależności od traum. Zawsze jest inne wyjście lub wybór.

Więc zaryzykuj. Nie bój się. Popełnianie błędów jest normalne. Popełnianie błędów jest częścią naszej wspaniałej osobistej nauki. Na błędach uczymy się być lepsi i bardziej ludzcy wobec siebie nawzajem. Wiedz, jak wybaczać, dawać więcej, kochać więcej i więcej rozumieć. Twoje życie może być inne, z większym spokojem i spokojem, jeśli zastosujesz się do tego wskazania.

Pozytywne myślenie to nasza największa broń

Jesteśmy energią i wibracją. Jesteśmy dokładnie tym, co myślimy lub zamierzamy. Dlatego tak ważne jest uwarunkowanie w nas pozytywnego myślenia, aby wydarzyła się magia. Ale nie daj się zwieść. Cuda nie zdarzają się przypadkowo. Cuda są owocem naszej wiary i naszej pracy. To nie jest coś, co pojawia się znikąd.

Słowa Mają władzę. Podczas mówienia bądź ostrożny. Jeśli mówisz złe rzeczy, przyciągniesz złe rzeczy. Wszyscy jesteśmy gąbkami, które przyciągają dokładnie to, w co wierzymy. Jeśli więc to prawda, wypełnij swoje życie słowami zachęty, wsparcia, miłości i nadziei. Wszystko będzie działać na Twój sukces.

Ale nawet jeśli mamy tyle pozytywnej energii, czy nasze plany mogą się nie udać? Puszka. Dlaczego o tym mówię? Życie nie jest nauką ścisłą. Życie ma wiele nieprzewidywalnych czynników, które mogą zmienić naszą trajektorię. Ale jeśli popadniesz w niełaskę, spójrz na to w pozytywnym świetle. To w pewnym momencie minie i nadejdą dobre wieści. Zrozumcie, że musieliście przez to przejść, aby się rozwijać, aby stać się wspaniałą osobą. Nie wszystko stracone. W przyszłości będziesz mógł odwrócić ten proces i być szczęśliwym. Radujcie się więc z bycia częścią wielkiego rytualnego cyklu życia.

Miłość między członkami rodziny jest największą miłością na świecie

Przede wszystkim miłość Boża. Miłość do rodziców, dzieci i wnuki. Te miłości są większe niż miłość romantyczna, która ma ulotne trwanie. Podczas gdy romantyczna miłość nas rani, miłość rodzinna pielęgnuje nas i uświadamia nam, że nie jesteśmy sami na świecie. Jak ważna jest miłość rodzinna. Rodzina jest fundamentem wszystkiego, co budujemy w życiu. To miłość na całe życie.

Romantyczna miłość jest kwestią szczęścia. Są ludzie, którzy żyją bardzo dużo. Kocham, ale są też inni ludzie, którzy nigdy tego nie doświadczyli. Ale wszyscy możemy żyć bez miłości. W dżungli możemy przetrwać tylko sami. Możemy iść naprzód z życiem, mając pewność, że możemy zrobić jeszcze więcej dla świata. Szczęście może czekać na nas wszędzie. Szczęście to dobre samopoczucie ze sobą, nawet jeśli nie wszystko jest idealne. Bądźcie więc zawsze szczęśliwi.

Miałam wspaniałą mamę. Przez trzydzieści siedem lat, które przeżyliśmy razem, była moją bezpieczną przystanią. Kiedy nadal nie mogłam pracować, ona mnie wspierała i wspierała. Przez długi czas mogłam więc poświęcić się tylko nauce. Dzięki Bogu, że dzięki moim zdolnościom dostałem pracę w rządzie. A teraz mam swoją literaturę, która jest moim dodatkowym dochodem. Szkoda, że nie mogę żyć tylko ze sztuki, bo mam wysokie wydatki, a na utrzymaniu mam czteroosobową rodzinę.

Wracając do mojej matki, zawsze była moją obrończynią. Kochała mnie, ale też nie rozumiała Dlaczego nie ożeniłem się i nie dałem jej wnuków. Jej marzeniem było, żebym urodził jej potomstwo. Przykro mi, że zawiodłem, ale po prostu nie mogłem wyjść za mąż, ponieważ nie jestem aktywny. Pochodzę z grupy LGBTI, taka się urodziłam. Myślę więc, że muszę jak najszybciej żyć takim, jakim jestem.

Zostało trzech braci, którzy mieszkają ze mną. Mam misję, aby opiekować się nimi po śmierci mojej mamy. Robię to, ponieważ są analfabetami i chorymi. Dlatego nie jestem bogaty. Mimo że jestem urzędnikiem państwowym, mam wiele wydatków na moich braci. Oprócz rodzeństwa jest pies sąsiada, kury, bezpańskie koty, jest wiele zwierząt, które karmię. Robię to z miłości do zwierząt, które zostały porzucone na pastwę losu przez innych ludzi.

Czy istnieje miłość poza cyklem rodzinnym?

Jest kilka przykładów, o których możemy powiedzieć, że istnieją. Ale to wielka rzadkość. Powiedzmy więc, że zależy to od badanej osoby. Ale ogólnie rzecz biorąc, prawdziwa miłość jest najbardziej wyraźna między rodzicami a dziećmi.

Może romantyczna miłość był jednym z tych, które bolą nas najbardziej. Z każdą frustracją, każdym odrzuceniem, każdym rozstaniem niszczy nas. Są to zranienia i traumy, które nosimy w sobie przez całe życie. Wtedy zadajemy sobie pytanie: Czy nie lepiej być samemu? Czy nie lepiej mniej cierpieć? Czy nie lepiej jest mieć miłość własną? Może to i lepiej. Ale jeśli nie zaryzykujesz, możesz przegapić kilka dobrych doświadczeń, którymi mógłbyś cieszyć się z osobą swojego życia.

Czy wróciłbyś do firmy, która cię zwolniła?

Nie wydaje mi się. Musimy cenić siebie i szukać nowych możliwości zatrudnienia. Ta praca nie jest ani jedyna, ani najlepsza ze wszystkich. Więc płyń z prądem i powodzenia w nowej pracy. Dobrą stroną jest to, że nauczysz się nowych rzeczy, rozwiniesz się i będziesz szanowany za swoją wartość zawodową. Radujcie się więc. Robisz wielką różnicę na świecie.

Ale są ludzie, którzy mogą myśleć inaczej niż ja. Jeśli sytuacja finansowa jest trudna, możemy przemyśleć nasze decyzje i pracować w tej samej firmie. Czasami nasz instynkt przetrwania przemawia głośniej niż nasza duma. Więc cokolwiek wybierzesz, powodzenia w życiu.

Cały ten czas wyzwań i doświadczeń sprawił, że bardzo się rozwinęłam. Potrafię zrozumieć naturę, siebie i innych. Natura maszeruje swoim tempem i jest niechętna pretensjom człowieka. Wylesiamy, zanieczyszczamy wody, uwalniamy gazy do atmosfery. Co z tego będziemy mieć? Co tak naprawdę się dla nas liczy, pieniądze czy przetrwanie? Konsekwencje są widoczne: globalne ocieplenie, zmniejszenie fauny i flory, klęski żywiołowe. Czy to możliwe, że ludzie nie widzą, że to wszystko jest ich winą? Jest jeszcze czas. Jest czas na życie. Rób to, co do Ciebie należy: oszczędzaj wodę i energię, segreguj śmieci, nie zanieczyszczaj środowiska. Wymagajcie od swoich przywódców zaangażowania w kwestie ochrony środowiska. To najmniej, co powinniśmy zrobić dla siebie i dla świata.

Naprawdę krzyczę na ludzi, aby dbali o przyrodę. Co człowiek robi z naszą planetą? Niszczenie fauny, flory, narastające globalne ocieplenie, wojny, nieporozumienia, pogoń za pieniędzmi, a w konsekwencji kapitalizm i materializm. Czy zrównoważony rozwój nie byłby lepszy? Cóż, wszystko w tym życiu ma swój koniec. Jeśli doceniamy zasoby naturalne, będziemy podtrzymywać życie przez długi czas. Byłoby wspaniale, gdyby nowe pokolenia miały dostęp do tego bogactwa i miały tę świadomość zachowania przekazywaną z pokolenia na pokolenie.

Każdy musi zrobić to, co do niego należy. Nie zostawiajcie tej odpowiedzialności samym rządzącym. Jeśli każdy dołoży swoją cegiełkę, możemy mieć nadzieję, że sytuacja katastrofy zostanie odwrócona. Módlmy się o globalną świadomość.

Po tym, jak wspiąłem się na górę

Wracając do mojej przygody, po tym jak wspiąłem się na górę, zacząłem lepiej rozumieć swoje pragnienia i ograniczenia. Zrozumiałam, że marzenia są możliwe tylko wtedy, gdy są szlachetne i sprawiedliwe. Jaskinia jest uczciwa i jeśli wygram trzecie wyzwanie, spełni się moje marzenie. Kiedy pokonałem pierwsze i drugie wyzwanie, zacząłem lepiej rozumieć pragnienia innych. Większość ludzi marzy o bogactwie, prestiżu społecznym i wysokich stanowiskach dowódczych. Nie widzą w życiu tego, co najlepsze: spełnienia zawodowego, miłości i szczęścia. To, co sprawia, że ludzie są naprawdę wyjątkowi, to ich cechy, które przebijają się przez ich dzieła. Władza, bogactwo, społeczna ostentacja nikogo nie uszczęśliwiają. To jest to, czego szukam w świętej górze: szczęścia i całkowitego panowania nad "przeciwstawnymi siłami".

Czy pieniądze naprawdę dają szczęście? Czy wyższe stanowisko uczyniłoby cię szczęśliwym? Czy bycie dobrze akceptowanym przez społeczeństwo sprawia, że czujesz się komfortowo? Musisz przeanalizować, co sprawia, że czujesz się dobrze. Musisz zastanowić się, co jest dla Ciebie najważniejsze. Ale przedstawię swoje uwagi. Pieniądze dają ukojenie, ale to nie wszystko. Oczywiście pieniądze są bardzo ważne. Jak kupujesz jedzenie? Jak kupić lek w aptece? Jak zapłacić za wizytę u lekarza? Pieniądze niosą więc ze sobą wiele udogodnień. Ale czy pieniądze przynoszą ci wewnętrzne szczęście? Czy kiedykolwiek myślałeś o życiu z mniejszymi pieniędzmi, ale z lepszą jakością życia? Czy twój Bóg jest pieniędzmi, czy to twój charakter jest wart więcej? Zdarzają się więc sytuacje, że nawet jeśli są to ogromne pieniądze, to nie warto. Na przykład praca, która jest bardzo dobrze płatna. Ale jeśli ta praca cię niszczy, czy płaci za twoje cierpienie, nieprzespane noce, wizyty u psychiatry? Być może nie. Może lepiej zarabiać mniej, ale czujesz spokój. Ale są ludzie, którzy myślą tylko o pieniądzach i może mają rację, bo wszystko na tym świecie zależy od pieniędzy. Więc każdy ma swój najlepszy wybór.

Rozpamiętywanie przeszłości, niezależnie od tego, czy jest to twoja przeszłość, czy czyjaś przeszłość, nie przyniesie ci nic dobrego. Lepiej skup się na swojej teraźniejszości i przyszłości. To będzie dla ciebie bardziej wartościowe. Więc jeśli zaczynasz związek, myśląc o przeszłości swojego chłopaka, zastanawiając się, z kim się związał lub z kim uprawiał seks, to jest to wielka strata czasu i osądu. Lepiej zakończyć związek, niż ciągle myśleć o tych rzeczach. Lepiej mieć spokój ducha, niż snuć domysły na temat czyjegoś życia. Pomyśl o tym poważnie, a będziesz miał ważny przewracacz stron.

Zadbaj o swoje samopoczucie emocjonalne. Upewnij się, że doceniasz swoje bieżące działania. Skup się na swojej pracy, związku i nie trać czasu na założenia. Wszystko przemija, z wyjątkiem mocy Bożej. Wszystko przemija, z wyjątkiem jego czynów i słów, które są jego dziedzictwem. Razem z nami zbudowaliśmy piękną trajektorię. Budujemy z nami niezbędne narzędzia, aby być szczęśliwym w chwili obecnej. Budujemy naszą miłość do innych w przeciwnościach losu. Aby mieć zdrowy związek, konieczne jest dobre samopoczucie psychiczne. Aby mieć autonomię w naszych decyzjach, musimy emanować maksimum cnót, które podobają się nam i innym. Najpierw wybierz swoje dobre samopoczucie, a jeśli związek nie przyniesie ci nic dobrego, odrzuć go.

Jeśli jesteś w dobrej sytuacji finansowej, jesteś przystojny, jesteś heteroseksualny, jeśli jesteś biały, jesteś standardem, na który ludzie patrzą z podziwem. Ale jeśli jesteś biedny, jeśli jesteś homoseksualistą, jeśli jesteś czarny, jeśli jesteś transseksualistą, jeśli jesteś kobietą, wielu ludzi cię nie lubi. Ale co z tego? Czy powinno Ci na tym zależeć? Odpowiadam: oczywiście, że nie.

Powinniśmy cenić i kochać siebie za to, kim jesteśmy, a nie za pieniądze, które mamy. Musimy przede wszystkim kochać samych siebie. Jeśli my tego nie zrobimy, to kto zrobi to za nas? Kto postawi nas na pierwszym miejscu? Wierzę, że nikt nie będzie cię kochał tak, jak ty kochasz siebie. Nawet twój ojciec i matka, którzy bardzo cię kochają, nie będą cię kochać tak, jak ty kochasz siebie.

Obraźliwy związek w randkach

Bądź bardzo ostrożny z tymi mężczyznami, którzy chcą cię kontrolować w początek związku. To zły znak. Kiedy ktoś chce cię kontrolować, pokazuje swoje złe zamiary. Jeśli się poddasz, wkrótce stracisz autonomię swojego życia. Wkrótce nie będziesz mogła mieć więcej przyjaciół, będziesz odseparowana od własnej rodziny, nie będziesz mogła pracować pod pretekstem opiekowania się innymi, nie będziesz mogła wychodzić na imprezy tak dobrze ubrana, jak chcesz, krótko mówiąc, będziesz miała wielkie ograniczenia, a twoje życie będzie ograniczone do opieki nad dziećmi i mężem. To będzie wielki wstyd dla ciebie, kto mógłby być szczęśliwszy w związku, nie niszcząc cię.

Możesz być wolny lub być w związku z osobą o otwartym umyśle. Ale trzymasz się kurczowo progu, który jest bezwartościowy i który szkodzi twojemu osobistemu rozwój. Czy warto to robić tylko dla przyjemności seksualnej? Albo obecność mężczyzny w twoim życiu? Dzisiejsze kobiety są dobrze przygotowane do samodzielnego przetrwania. Dzisiejsze kobiety znają swoją wartość, która wykracza poza bycie gospodynią domową. Dziś kobiety są rozproszone wszędzie. Dziś kobiety są świadome swojej roli jako matki, profesjonalistki, kobiety, krótko mówiąc, są bardzo niezależne. Dlatego jestem dumna ze wszystkich kobiet, z którymi żyję i które podziwiam.

Obie pary powinny wiedzieć, jak się komunikować

Para, która nie ma komunikacji, nie wytrzyma walki ani dni udręki. Dobry związek opiera się na dialogu, na swobodnej ekspresji pary, na porozumieniach, na wspólnym myśleniu. Para musi sobie nawzajem pomagać.

Jeśli nie czujesz się dobrze ze swoim partnerem, nadszedł czas, aby przemyśleć ten związek. Musisz zobaczyć, co jest dla Ciebie naprawdę ważne. Konieczne jest zrozumienie, jakie są korzyści z tego związku dla was obojga, aby ocenić, czy możliwe jest kontynuowanie go.

Cokolwiek zdecydujesz, zobacz, co jest dla Ciebie najlepsze. Nie przejmuj się opinią innych, to Ty musisz decydować o swoim losie. Jeśli twój wybór pójdzie źle, przynajmniej skorzystałeś ze swojej autonomii tak, jak powinna. Jest to lepsze niż bycie marionetką w rękach innych.

Czy pięknie jest widzieć publiczne okazywanie uczuć?

Tak, to bardzo piękne widzieć uczucie i miłość między ludźmi. Ale wszystko oczywiście z ograniczeniami. Seks na świeżym powietrzu nadal nie jest dozwolony, ponieważ jest to akt, który musi być wykonywany w naszej intymności. Nie mam więc nic przeciwko przejawom miłości w obu typach związków.

Ale osobiście uważam, że nie jest wspaniale okazywać takie uczucia publicznie. Myślę, że możemy to zrobić w naszym domu, gdzie mamy więcej wolności i radości. To w naszej twierdzy jesteśmy o wiele lepsi, z dala od złych oczu. To właśnie w naszym domu spędzamy najlepsze chwile naszego życia. Chociaż możemy odbywać wspaniałe podróże dookoła świata, nasz dom zawsze będzie dla nas najlepszym miejscem.

Żyj po swojemu

Znajdujemy się na tej wspaniałej planecie Ziemi, świecie pokuty i prób. Wtedy każdy z nas zrobi wielką przeprawę, gdzie napotka różne przeszkody i możemy Stawić im czoła z wolnym ciałem, z dużą chęcią zwycięstwa. To będzie wspaniałe doświadczenie, z najlepszymi środkami, na jakie nas stać.

Żyj po swojemu. Przeżyj swoją historię, bez względu na wszystko. Żyj bez dawania satysfakcji nikomu. Żyj dla siebie, a nie z woli innych. Żyj, aby być szczęśliwym, że wszystkimi możliwościami, jakie oferuje. Żyj szybko, bo czas płynie bardzo szybko i może być już dla Ciebie za późno na spełnienie marzeń. Cóż, życie to wielki pociąg. Ostatnim przystankiem w pociągu będzie Twoje pożegnanie z tym światem. Obyś przeżył wiele lat z radością, szczęściem i wewnętrzną duchowością. Bądźcie najlepsi z siebie.

Życie marzeniami to wielki dar. To marzenia karmią naszą wolę istnieć i trwać na tym świecie. Walka o marzenia to coś bardzo wartościowego, co robimy każdego dnia naszego życia.

W ciągu czterdziestu lat życia spełniłem wielkie marzenia: byłem rolnikiem, filmowcem, kompozytorem, pisarzem, urzędnikiem państwowym. Spełniałem każde marzenie jak najlepiej. A gdyby tak nie było Odnoszę sukcesy we wszystkim, mam kilka cennych osiągnięć. Cieszę się z każdej małej rzeczy, którą osiągnąłem na ziemi. Byłam szczęśliwa, kochająca, ale bez wzajemności. Zapomniałam więc o wszystkim, co wycierpiałam i ruszyłam dalej ze swoim życiem.

Moja rada jest taka, aby gonić za swoimi marzeniami, nawet jeśli trudno jest osiągnąć wszystkie marzenia, których pragniemy. Niezależnie od. Po prostu starając się być szczęśliwym, już jesteś wielkim zwycięzcą. Po prostu dążąc do tego, co najlepsze dla siebie, zyskujesz inteligencję emocjonalną. Stojąc z nadzieją i wiarą, jesteś wspaniałym przykładem. Czuj się szczęśliwy każdego dnia, który przeżywasz pod powierzchnią ziemi.

Finał